XUN ZHANG

勋章

中学版

新征程的榜样 复兴路的力量

《勋章》编写组 编

柴云振
孙景坤
周永开
陆元九
辛育龄
黄宝妹
李宏塔
艾爱国
石光银

江苏凤凰美术出版社

《勋章》编委会

主　　编　王　煌

编　　委（按姓氏笔画排名）

　　　　　王　煌　王世宗　方立松　朱　岩　乔进美

　　　　　李　坤　张一芳　张志民　张　衡　陈　敏

　　　　　贾　炜　都秀谷　曹国平　崔定友　章　宏

　　　　　樊　达　潘晓鸿

执行主编　章　宏

分册主编　王　胜　王有月

编　　写　钱淑云　韩小军　周晓春　陈姝颖　陈梓珊

　　　　　吴佳永　唐　娟

目 录

王兰花：
群众心中的"活雷锋"

她待人热情温暖，做事雷厉风行，被不同年龄段的社区居民亲切地唤作"王奶奶""王妈妈""王阿姨""王大姐"。

她是群众心中的"活雷锋"，把解决社区居民的操心事、烦心事、揪心事作为毕生事业，十多年如一日坚持志愿服务。

她叫王兰花，是宁夏回族自治区吴忠市利通区金星镇"王兰花热心小组"党支部书记、"王兰花热心小组"慈善协会会长、"七一勋章"获得者。

70多岁的王兰花是宁夏吴忠市利通区金星镇"王兰花热心小组"服务站的党支部书记。在担任宁夏吴忠市利通区裕西社区居委会主任时，她就是附近有名的"大忙人"，操心着居民的大事小情。2004年，在裕西社区居委会已经工作了20年的王兰花退休了。

虽然退休了，社区居民大事小情还习惯找她解决，这让王兰花很快打起精神，她动员起6位爱心人士，成立了吴忠市首个社区志愿服务小组。王兰花说："人退休了，但思想觉悟不能休息，因为我是党员。"从此，每天一大早，王兰花就会开启忙碌的一天。王兰花笑称社区志愿工作是"上管天文地理，下管鸡毛蒜皮"。她奔走在社区的各个角落，为大伙儿排忧解难，解决百姓琐事，每天应接不暇，她却忙得很开心。

王兰花说："谁家都会遇到困难，我只是尽自己的力量去帮助别人，做的也只是微不足道的事情。帮助那些需要帮助的人，我会觉得心里快乐、知足。"她将写有小组成员联系方式的牌子，悬挂在自家门口，还和小组成员走街串户，发放了近4万张党员便民联系卡片。

哈小兰就是通过便民联系卡片找到了王兰花。当时她的儿子患白血病，家里凑不够医疗费。回忆起当时的场景，哈小兰说道："当时儿子才5岁，王奶奶一看到孩子，抱住就哭，感觉比自己的亲孙子还要亲。她啥话都没说，

带上我首先就去电台报社求助。"随后几年，王兰花一直为哈小兰的儿子筹集捐款四处奔走，再难也没有放弃。经过两三年的持续治疗，孩子的病情终于稳定下来。"没有王阿姨，就没有孩子的今天。她的热心相助，让我们全家看到了希望。"如今，哈小兰也成了一名志愿者，"我从王兰花身上看到了奉献的力量，也要像她那样，尽力帮助他人。"

居民张金霞因忙于外出务工，家里80多岁的老母亲和10多岁的孩子均无人照顾。得知这一情况后，王兰花和志愿者们及时上门义务帮助照顾老人和孩子。和老人聊家常，为老人和孩子买菜买药、送吃送喝，并为老人和孩子申请低保。回到家的张金霞从母亲和孩子那里听说了志愿者帮助的事儿，找到王兰花后激动地说："王阿姨，谢谢你们对我妈和娃的照顾，你们的恩情我一辈子也不会忘记。"此后，"王兰花热心小组"又帮助张金霞在社区争取到一个工作岗位，使一家人的生活有了着落。从此，张金霞逐渐变成了"王兰花热心小组"的"铁杆粉丝"，凡是"热心小组"有活动，她就主动跑来帮忙。

王兰花的一言一行影响着利通的人们。越来越多的人加入志愿者队伍，清杂物、拾垃圾……哪里有需要，哪里就有"王兰花热心小组"志愿者的身影。如今，裕西社区的志愿者已发展到160多人。尤其让王兰花感到欣慰的是，两个儿子和两个女儿也加入了志愿服务队伍。如今在吴忠市利通区，以"兰花芬芳志愿服务"为统一名称成立了多级志愿服务队伍，注册志愿者人数达数万人。

平凡中的伟大

王兰花是一个平凡的退休社区工作人员，可退休后的十几年间，以她为代表的"兰花芬芳志愿服务"逐渐成为吴忠市民广为信赖的志愿服务品牌。而她，也成了人们心目中社区工作者践行为民服务的标杆、志愿者弘扬奉献精神的模范和子女们传承家风的好榜样。

艾爱国：
工匠精神的杰出代表

艾爱国是"七一勋章"获得者，湖南华菱湘潭钢铁有限公司焊接顾问，湖南省焊接协会监事长，享受国务院政府特殊津贴。

艾爱国是工匠精神的杰出代表，在焊工岗位奉献50多年，精益求精，追求卓越，勇于自主创新，攻克了数百项技术难关，成为一身绝技的焊接行业"领军人"。

父亲的嘱咐："当个好工人，早日入党。"

艾爱国在湖南株洲攸县黄丰桥公社插队当知青时，已经显露出要强的性格，那年，他18岁。

劳作时知青们要挑担子，暗暗比力气。别人挑50千克，艾爱国偏要多一些；人家干8个小时，艾爱国总能干上10个小时，因此他得了个"拼命三郎"的绰号。

这一年湘钢招工，原本这个山旮旯里是没有名额的，因为艾爱国踏实肯干，当地的知青、干部写了一封联名信，向湘钢力荐艾爱国。就这样，他成了一名进城、进厂的人。

进厂的前一晚，父亲与艾爱国促膝长谈："你要记住，当工人就一定要当个好工人，既要钻研技术，在政治上也要追求进步，争取早日入党。"

1968年9月，艾爱国进入湘潭钢铁厂，成为一名工人。

刚进厂，艾爱国是管道工，他看到北京第二建筑工程公司支援湘钢建设的焊工们身背氧气瓶、手拿焊枪、头戴面罩，神奇地将高炉裂缝"焊"在一起。艾爱国很惊奇，也很钦佩这群北京来的师傅们。于是，艾爱国开始跟着他们学习焊接技术。

机会是留给有准备的人的。1970年，湘钢招聘焊工，但名额仅有6个。在北京二建师傅的极力推荐下，艾爱国争取到了一个宝贵的名额，转岗成了一名焊工。

在掌握了气焊技术后，艾爱国又迫不及待地开始学习电焊。自己没有面罩，就拿一块黑玻璃代替，手和脸常被烤得脱皮。就这样，他一点点地摸到了窍门。

1982年，32岁的艾爱国以8项考核全部优异的成绩，取得了气焊、电焊合格证，成为当时湘潭市唯一持有两证的焊工。

工作中：哪里有难题，哪里就有他

同事们称艾爱国为艾劳模。"哪里有难题，哪里就有他。"在湘钢同事们眼中，艾劳模是一个不知疲倦的"钢铁侠"。

7

1983年，原冶金工业部组织全国多家钢铁企业联合

研制新型贯流式高炉风口。如何将风口的锻造紫铜与铸造紫铜牢固地焊接在一起，成为项目的最大难关。

当时，还是一个普通青年焊工的艾爱国，主动请求试一试。攻关多次失败后，艾爱国提出采用氩弧焊工艺。对于这种大型特殊材质部件，采用氩弧焊焊接，国内尚没有先例。艾爱国大胆创新，把交流氩弧焊机改造成直流焊机，焊枪也加以改进，使之能够承受高温。经过艰苦试验，终于获得成功。艾爱国是项目组中唯一的普工，因为在这次攻关中发挥了突出作用，他荣获国家科技进步二等奖。

这次攻关，"一炮打响"了艾爱国在冶金行业的名气，类似焊接方面的难题"不请自来"，这让他积累了不少实际操作经验。凭借锲而不舍、吃苦耐劳、勇于钻研的精神，1984 年，艾爱国被评为湘钢劳模。

20 世纪 80 年代，他攻克了氩弧焊接的难关，又成功焊接了从德国引进的一台制氧机中近两万道的管道焊缝。90 年代，他又先后攻克了多项国家工程技术难点，并将宝贵经验上升到理论高度。随着国家重大工程建设的不断铺开，新型行业不断兴起，各类型技术难关相继出现，冶金、矿山、机械、电力……艾爱国克服了一个又一个难关，服务于国家战略发展。从世界最长跨海大桥——港珠澳大桥，到亚洲最大深水油气平台——南海荔湾综合处理平台，再到目前正在进行的国家重点工程——深中通道，艾爱国都参与并完成攻坚难题。400多项难关攻克，120多项工艺改进，多本理论著作，一项专利发明，数据忠实记录下一位大国工匠的成长轨迹。

"掌握了一技之长，还应在政治上有所追求。"进厂前，父亲的嘱咐艾爱国一直铭记于心。在获得劳模的头衔后，他以更高的标准要求自己，于1985年交了入党申请书，后来成为一名共产党员。

生活中：骑自行车上下班，从不搞攀比

艾爱国基本没有什么业余爱好。每天下班回家，上了楼就不再下楼，一头钻进焊接理论书籍中，常常研读到深夜。正是几十年如一日的理论钻研与实践操作，他才练就了"钢铁"般的过硬本领。

几十年来，艾爱国带过几百个徒弟。湘钢中，技师、高级技师、高级工以上级别的焊工，80%都跟艾爱国学过艺。他们当中，有的获得全国"五一劳动奖章"，有的被评为湖南省劳动模范以及技术能手，有的成长为"三八红旗手"。艾爱国还无偿地向200多名下岗工人和农村青年传授焊接技术，他常说："做好传、帮、带，实现高技能人才的传承，是我的责任。"

平凡中的伟大

　　艾爱国是我国焊接行业的"领军人"，他为我国冶金、军工、矿山、电力等行业攻克焊接技术难关 400 多个，改进工艺 120 多项。艾爱国是一名普通工人，他爱岗敬业，精益求精，展现了"大国工匠"的优秀品质。

　　艾爱国更是一名优秀的共产党员，他吃苦在前，享受在后，决心为祖国和人民的事业奉献自己的一生。

10

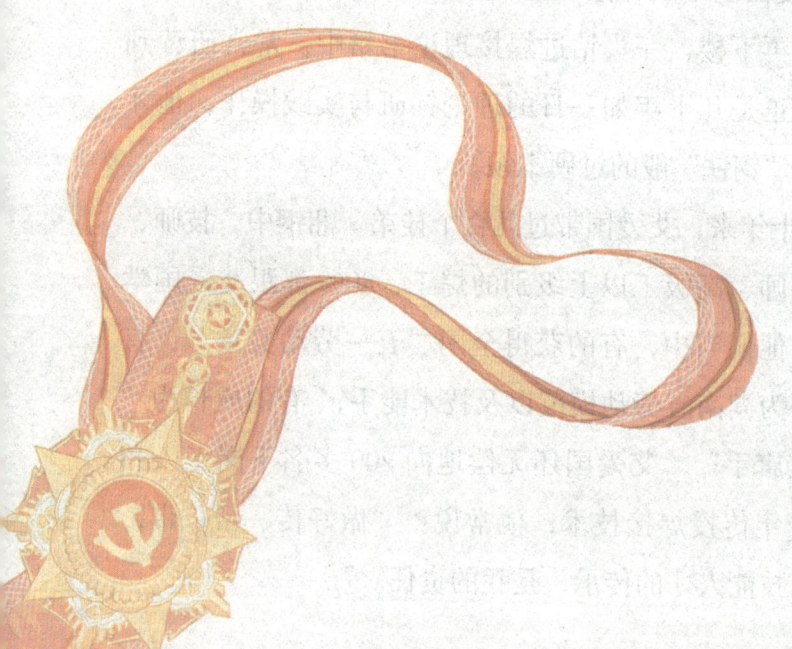

石光银：
治沙造林事业的模范代表

石光银，我国治沙造林事业的模范代表，与荒沙碱滩不屈抗争 40 多年，在毛乌素沙漠南缘营造一条长百余里的绿色长城，彻底改变了"沙进人退"的恶劣环境。石光银将治沙与致富相结合，创造了"公司＋农户＋基地"的发展模式，联合 1000 多户农户，先后办起了千亩樟子松育苗基地、千亩辣椒种植基地、百头肉牛示范牧场、3000 吨安全饲料加工厂等经济实体，帮助沙区群众脱贫致富。

在蒙古语中，"毛乌素"意为"坏水""寸草不生之地"。"飞沙走石家无粮，人老几辈住坏房。满村光棍无婆姨，有女不嫁海子梁……"石光银的出生地——陕西省榆林市原海子梁乡曾经流传的一段顺口溜，描述了过去这里的贫困情状。石光银的童年，就是在这样的恶劣条件中度过的。那时，漫天肆虐的风沙吞噬着庄稼和房屋，乡亲们总是被风沙"撵"着跑。风沙给乡亲们带来的苦难和贫困，石光银至今记忆犹新。

7岁那年，石光银和邻家小伙伴虎娃在野外放羊时，遭遇突如其来的沙尘暴，昏天暗地里2个孩子被沙尘裹挟着失散了。3天后，家人在15千米外的内蒙古一户牧民家里找到了石光银，而虎娃却不知被风沙埋到了哪里，再也没有回来。惨痛的经历，让石光银恨透了风沙，也让他在心中埋下了治沙的决心。

"世代饱受风沙之害，乡亲们的日子太穷了，恶沙不除，穷根不拔，我枉活一世！"石光银 15 岁加入当地生产队；18 岁时成为生产队长，去榆林学习了沙漠栽树技术；20 岁，石光银担任大队长，从此，石光银就一头扎进茫茫沙海，一心治理荒沙、植树造林。1973 年，石光银加入中国共产党。1984 年，为改善生态环境，国家允许个人承包治理林场、荒山和沙地。石光银在亲友的极力反对下，与政府签订了 3000 亩荒沙的承包治理合同。为此，他卖掉了家里的 84 只羊和 1 头骡子，还四处借贷，一共凑了 12 万元买树苗，并联合 7 户村民与他们一起治沙。经过一年艰辛劳作，加之那一年雨水充沛，治理区苗木成活率达 85% 以上。这是石光银正式治沙的第一仗。

首战告捷，石光银和乡亲们备受鼓舞。随后，石光银又一鼓作气，与当地的长茂滩林场签订了承包治理 5.8 万亩荒沙的合同。但这 5.8 万亩荒沙中，有大小沙梁上千座，其中难度最大的特大沙梁——狼窝沙地形复杂、环境恶劣，地表温度夏季高达 60 多摄氏度、冬季低至零下 40 多摄氏度。要在这里把树栽活，难度可想而知。

1986 年，石光银带领乡亲们拉开了"大战狼窝沙"的序幕。"那些日子，大家吃的是被风吹得又干又硬的玉米馍，喝的是沙坑里澄出来的沙糊糊水，住的是柳条和塑料布搭的庵子。风吹、日晒、沙烤，大家的脸都被晒得黢黑，嘴上起火泡，眼里布满血丝。"石光银形容，治沙的日子里他们"受骡马的苦，吃猪狗的食"。

那 3 年时间，他们在沙漠里干到哪里就睡在哪里。为了方便治沙，石光银还把自己的家搬到了距离狼窝沙不远的村子。好几次看到"野人"般的石光银从沙窝里出来，妻子都心疼得放声大哭。1988 年，石光银带领乡亲们采用学来的"障蔽治沙法"，终于使树木成活率达到八成以上。他们成功了。

经过几十年艰苦奋斗，石光银带领团队，治理荒沙、碱滩 22.8 万亩，累计植树 5000 多万株（丛），在毛乌素沙漠的南缘，营造了百余里长、几十里宽的绿色生态屏障。

正是有石光银这样的党员模范的带领，当地人民持续

投入到治沙植树的热潮中。2020年4月，陕西省林业局发布的数据显示，榆林沙化土地治理率已达93.24%，这意味着毛乌素沙漠即将从陕西版图"消失"。石光银们创造了消灭一个沙漠的奇迹。

林草长起来了，风沙固定住了，昔日被风沙掩埋的耕地又回来了。为了帮扶困难群众，石光银又搞起了生态移民，在定边县定边镇十里沙村建起移民新村。

经过几年摸索，石光银及其团队通过"公司＋农户＋基地"经营模式，带领群众大力发展林草经济和畜牧产业，先后办起了林场、肉牛示范牧场、饲料加工厂、技术培训中心、蔬菜大棚等10多项经济实体，村民收入连年增加。

平凡中的伟大

　　石光银带领乡亲们历经困难和艰辛，凭着敢想敢干、坚韧不拔的愚公精神，硬是让肆虐的沙子一步步向绿荫低头。"生命不息，治沙不止。我活多长时间，就用多少时间治沙！"石光银认为，他一生的使命不仅是要将绿色带往沙漠，更要将幸福生活带给当地百姓。他做到了。

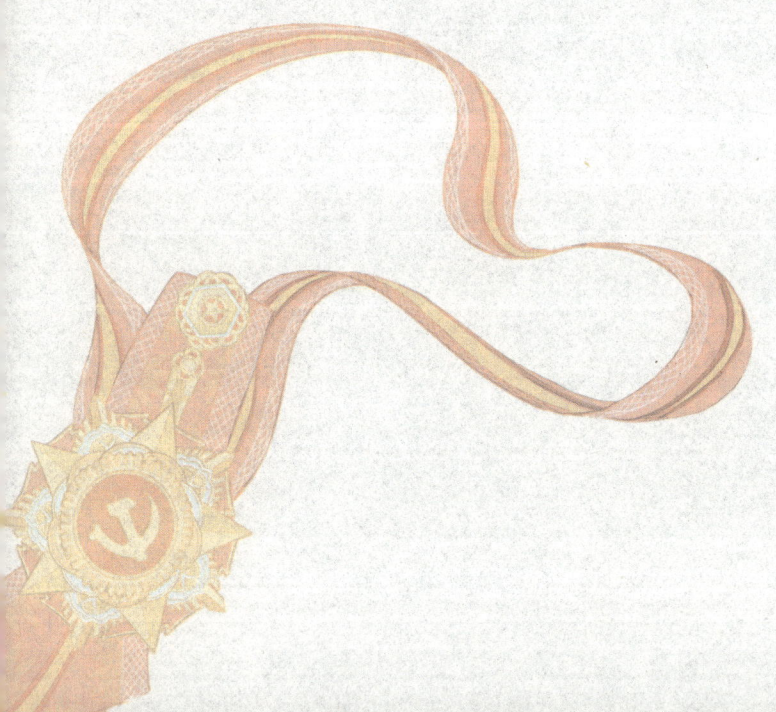

吕其明：
用音乐歌颂党和祖国

吕其明，1945 年加入中国共产党，是新中国培养的第一批交响乐作曲家、电影音乐作曲家。他创作了 60 多部电影、200 多部（集）电视剧的音乐和 10 多部大中型交响乐作品，其中包括管弦乐序曲《红旗颂》、交响叙事诗《白求恩》等经典作品。他曾荣获"全国离退休干部先进个人"等称号和"中国音乐金钟奖终身成就奖"。

2021 年 6 月 29 日，91 岁的音乐家吕其明荣获"七一勋章"。

红色童年

吕其明生于安徽无为，成长于一个革命家庭。抗战时期，父亲吕惠生积极投身抗日救亡运动，曾担任新四军第七师皖江抗日根据地行政公署主任，吕其明从小便受到父亲的影响。

1940年，新四军二师的抗敌剧团要演歌剧《农村曲》，需要小演员演逃难孩子。剧团看中了吕其明，就这样，年仅10岁的吕其明就这样成了抗敌剧团的一员。

在剧团，吕其明就像进了一所没有围墙的大学，他唱歌、演戏、教歌、行军、打仗。他还常常跟团下乡巡演，每天行军七八十里，到了驻扎地便搭戏台，为乡亲们演出。遇到狂风暴雨的天气，大家就用草绳绑在一起，以防散失。环境太艰苦了，吕其明时常吃不上饭、洗不上澡、没衣服换，身上到处是"革命虫"（虱子），不得不长期剃光头。

1943年，一次行军路上，吕其明遇到了日本鬼子的扫荡，命悬一线。在老百姓的掩护下，他和几位战友蜗居山洞，用茶缸子接雨水喝，撑过七天七夜。敌军曾经逼问老乡山上有没有新四军，老乡们坚称没有。那份"军民鱼水情"让吕其明感佩至今，也成了他日后最重要的创作题材。

在那样残酷、动荡，随时随地都有生命危险的战争年代，吕其明却被点燃了音乐梦。

1942年春夏之交，团里来了一位中等身材的、瘦弱的、穿着蓝布衣服的先生，先生还牵着一匹枣红马，马上挂着一个小提琴盒子。他正是音乐家、教育家贺绿汀。

贺绿汀受邀来此指导工作，3个月里，他耐心地教大家乐理知识、练合唱。有一天晚上，皓月当空，吕其明远远就听到了琴声，他看到贺绿汀在大树下拉小提琴，又感动，又陶醉。贺绿汀一曲拉完，一回头，见后面坐了个小孩，他很惊讶，就和吕其明聊了起来，聊着聊着，他劝吕其明，12岁正是拉琴的时候，赶快叫爸爸买一把琴。

当时，部队连吃饭都成问题，上哪儿买琴去！但这句话在吕其明心里埋下了种子，他开始做拉小提琴的梦。一直到1947年，吕其明被调到华东军区文工团，华东军区有五六把小提琴，他被分到一把，才一偿夙愿。后来，不管部队走到哪里，打什么仗，他都紧紧护着小提琴。

1945年9月，抗战胜利后，为防国民党部队的包围，新四军从皖江地区向山东撤离，由于叛徒出卖，吕惠生的身份暴露，牺牲时年仅43岁。父亲的不幸，让吕其明悲痛万分。

那一年，吕其明才15岁，也是这一年，他加入了中国共产党，在老乡家里油灯的照耀下宣誓，为共产主义奋斗终身。

名作频频传世

中华人民共和国成立后，吕其明脱下军装，转业到上海电影制片厂，在管弦乐队担任小提琴演奏员。面对新的工作岗位，他心里一度很恐慌，自己究竟能干什么？他闷着头在家，开始一刻不停地学习。演奏员已经不能满足他的音乐梦想。他渴望学习作曲，一边搜集和钻研中外音乐作品，一边拜师学艺，等待机会。

"西边的太阳快要落山了，微山湖上静悄悄，弹起我心爱的土琵琶，唱起那动人的歌谣……"1956 年，26 岁的吕其明应导演赵明之邀为电影《铁道游击队》作曲，一首充满浓郁乡土气息的《弹起我心爱的土琵琶》，传遍大江南北，吕其明的名气也打响了。

电影《红日》的插曲《谁不说俺家乡好》同样是一首山东风味的民歌，由吕其明、杨庶正、肖培珩作词、作曲。他们三个人一起到山东采风。有一天，他们爬上一座山，远远看过去，大地上一片片梯田，天上飘着白云，山峦重叠，他们瞬时来了灵感。"一座座青山紧相连，一朵朵白云绕山间，一片片梯田一层层绿，一阵阵歌声随风传，啊，谁不说俺家乡好……"你一句我一句，半小时，歌就出来了。

影视配乐让吕其明名噪一时，但他却很清楚，自己不是科班出身，尚缺少系统的音乐教育。1959 年，吕其明进入上海音乐学院攻读作曲和指挥，一学就是 7 年，打下了扎实的音乐基础。

1965 年 2 月，上海为举行"上海之春"音乐会，公开征集演出节目，上海各家文艺院团纷纷报上备选节目。主办方将了一遍后，觉得歌颂祖国、歌颂党、歌颂人民军队的作品不够多，质量也不够高。一位老前辈提议吕其明赶写一个，老前辈们都很赞成，觉得提议可行，他们甚至建议，乐曲的名字就叫《红旗颂》。

被老前辈们信任、委以重任，吕其明又紧张又兴奋，觉得应该拼搏一次。从哪个角度切入呢？他想到了自己的过去，想到了自己经历过的抗日战争、解放战争中那些艰苦卓绝的战争岁月。他有了灵感。

吕其明处在一种亢奋的状态里，日夜奋战，废寝忘食，写累了就睡一会儿，醒了之后再爬起来写作。

他把自己对天安门、对红旗的热血回忆写了进去；把对被捕入狱英勇就义的父亲的思念写了进去；把对慷慨赴死前赴后继的先烈们的缅怀写了进去；把党领导人民打败帝国主义，推翻三座大山，创建新中国的辉煌历程写了进去……

经过一个星期的日夜奋战，吕其明完成了《红旗颂》

总谱的创作。

1965年，"上海之春"音乐会开幕式上，《红旗颂》优美激越的旋律震撼了观众，很快传遍全国。

老当益壮谱新篇

八十余载艺术路，吕其明先后为《铁道游击队》《红日》《白求恩大夫》《庐山恋》《城南旧事》《焦裕禄》等200多部影视剧配乐，创作了管弦乐序曲《红旗颂》、管弦乐组曲《雨花祭》、弦乐合奏《龙华祭》、交响组曲《使命》等10余部大中型器乐作品。

每创作一部作品，他都讲求感同身受：写电影《庐山恋》就走访盛产民歌的江西，走遍庐山；写电影《焦裕禄》就奔赴兰考，研习河南的豫剧、河南的民歌；为给纪录片《大庆战歌》作曲，他深入冰天雪地的大庆，与石油工人们同吃同住，冒着严寒体验生活；为给纪录片《鞍钢在建设中》作曲，他又在鞍钢生活了近2个月，深扎厂房，访问劳模……

"作为一名共产党员，只要身体好，脑子不糊涂，我就会一直写下去。"如今，吕其明依旧笔耕不辍，在90岁写出随想曲《白求恩在晋察冀》，在91岁交出弦乐合奏《祭》。

勋章

　　吕其明曾动情地说："用我全部的赤诚，毕生的精力，热情讴歌亲爱的祖国和人民，这就是我的心愿。"

平凡中的伟大

　　吕其明有着坚定的理想信念，他把对党、对祖国、对人民的热爱全都融进音符里。他一生坚持歌颂党、歌颂祖国、歌颂劳动人民。他不懈奋斗的精神值得我们学习。

24

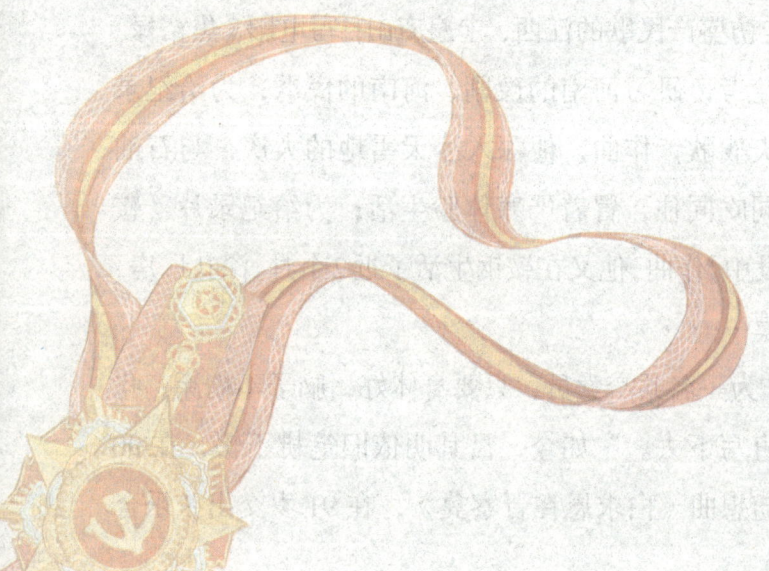

孙景坤：
战功赫赫，英雄"无名"

　　孙景坤，辽宁庄河人，1949 年 1 月入党。他是永葆革命本色的战斗功臣，先后参加了四平、辽沈、平津、解放长沙、解放海南岛、抗美援朝等战役，荣立一等功一次、二等功多次，荣获"抗美援朝一级战士荣誉勋章"。作为战斗英雄，退役后他毅然回乡深藏功名，带领群众改变家乡面貌。

三次赴朝的战斗英雄

　　1948 年 1 月，解放战争激战正酣，辽宁省安东市（今丹东市）山城村村干部动员村里的年轻人踊跃参军。谁也没想到，新婚不到一周的农会副主席孙景坤带头举起了手。孙景坤说："跟着共产党走准没错，等全国解放了，再回来种地抱孩子也不晚。"在孙景坤的感召下，12 名同村青年报名参军。他们打起背包，告别亲人，奔赴战场。入伍后，孙景坤成为一名机枪手，跟随部队参加了解放锦州、决战平津等战斗，后来又一路向南，飞渡长江天险、突破湘粤防线、会歼桂系兵团，直抵天涯海角。作战英勇的孙景坤数次负伤，也在战火中成长，并光荣加入中国共产党。

1950 年，朝鲜战争爆发。当年 10 月 19 日，孙景坤做为志愿军的一员跨过鸭绿江开赴朝鲜战场。入朝不久，在一场激烈的遭遇战中，冲锋在前的孙景坤腿部负伤，被送回国治疗。伤还没好利索，他就带着"死也要死在前线"的决心，搭乘运送物资的军列，第二次跨过鸭绿江。"没想到一到朝鲜，找不到之前的部队了。"原来，部队根据战事安排已开赴其他地方，疗伤归来的孙景坤与部队失去了联系，只好二次回国。

后来，孙景坤费尽周折终于打听到部队的消息，他一分一秒也不能等，搭乘列车第三次赴朝，奔赴前线。那时，他并不知道，在前方等待他的，是生命中最刻骨铭心的一场战斗。

27

1952 年 10 月 27 日，七连副排长孙景坤闯进营指挥部，请求参战。营长当即命令他 161 高地增援。那时，炮火连天的朝鲜临津江畔，在炮火支援下，孙景坤所在团夺取了敌人苦心经营一年有余、防御坚固的 161 高地，随后由八连副连长支全胜带领 2 排官兵坚守。为了夺回 161 高地，敌人发起疯狂进攻，拼死阻击的志愿军官兵伤亡惨重，阵地上只剩下支全胜等几名战士。他们抱着拼死坚守的决心，把爆破筒和手榴弹抱在怀里，随时准备与敌人同归于尽。

紧要关头，孙景坤带着几名战士，扛着手榴弹和子弹，

突破多道封锁线，利用敌人火力死角冲上 161 高地增援。当看到孙景坤时，受伤的支全胜激动地大喊："老孙，你们可来了！"，孙景坤和战友们跟敌人进行了殊死战斗，击退了敌人的数次反扑，终于守住了阵地。

"这是我经历过最惨烈的战斗。"孙景坤一回忆起那场激战就会眼噙泪花，"战斗打完了，好多战友都牺牲了，鲜血染红了阵地，最后只剩下我们几个人。"想起曾经并肩作战的战友，孙景坤的眼中饱含泪水。

这场战斗，作为志愿军发起的 1952 年秋季战术反击作战的重要组成部分，有力支援了著名的上甘岭战役。因在战斗中表现英勇，孙景坤被志愿军司令部、政治部记一等功。1953 年，朝鲜民主主义人民共和国授予孙景坤一级战士荣誉勋章。

淡泊名利的生产队长

1955 年，战功卓著的孙景坤放弃了留在城市的机会，复员回到家乡山城村务农。从农民到战士又从战士回归农民，在谈及这一选择时孙景坤说："我是一名共产党员，只要能够为老百姓做一点事情，在哪里都一样。"

从回到村里的那一天起，孙景坤对自己的功绩闭口不谈，很少讲起在部队的经历，就连他的儿女在很长一段时间里也对父亲所获的荣誉一无所知。一个战斗英雄"消失"了，取而代之的是农民孙景坤。孙景坤过去当过农会副主席，又在部队打过仗，所以很快他就被选为生产队长，自此他几十年如一日开启了自己为人民服务的生涯。

山城村处于鸭绿江支流大沙河转弯处，那时防洪能力薄弱，修堤筑坝迫在眉睫，孙景坤就带头用筐挑、用肩扛，带领乡亲们筑起了一座堤坝。20 世纪五六十年代山城一队的山光秃秃的，孙景坤又带着乡亲们拎水上山栽下落叶松。如今，落叶松长成了材，树干粗得连一米八几的大个儿都抱不过来。后来孙景坤发现后山适合种板栗，他又是培植又是嫁接，几年过后后山栽满了板栗苗，

成了村民生活的经济来源。孙景坤还带领乡亲们挖淤泥、造台田，台田上种玉米，台田下种水稻。就这样荒弃的土地变成了"聚宝盆"，实现了玉米水稻双丰收。1984年，为了尽快帮助乡亲们脱贫致富，孙景坤组织大家成立了共同致富小组、扶贫致富小组，大力发展粮食蔬菜生产。在孙景坤的带领下，山城村一跃成为十里八乡有名的富裕村。"我们现在过上了好日子都得感谢孙老。"说起孙景坤，山城村的乡亲们都竖起大拇指。

深藏功名的共产党员

　　虽然家乡变得富裕了，但孙景坤自己的家却一如既往地清贫。他当了20多年生产队长，可自己的大女儿没有学费上学，他只能让女儿退学务农。每每有城里的单位来招工，孙景坤总是毫不犹豫地把机会让给别人，自己的儿女只能靠自己努力。他住的房子低矮、年久失修，一下雨就漏。后来，实在没有办法住了，他才不得不搬到女儿家。

　　孙景坤几十年来深藏功名，从不与任何人说起自己抗美援朝的往事，曾经有一次，村里的孩子看到一本介绍抗美援朝英雄的书，在里面发现了写孙景坤在161高地的战斗故事。孩子高兴地找到孙景坤说："你是书上的英雄！"听着孩子读的故事，孙景坤落泪了，他对孩子说："故事里的支全胜才是英雄，腿都被打没了。"后来，孙景坤再三叮嘱孩子，把书收起来，不要告诉别人。直到20世纪90年代，抗美援朝纪念馆向社会征集历史文物，孙景坤左思右想，才把自己的立功证书与勋章都拿了出来，捐献给纪念馆。这时人们才知道他就是那位上甘岭战役中的战斗英雄。

孙景坤的事迹被大众知晓后，荣誉纷至沓来。他获得"时代楷模"称号，入选感动中国年度人物候选人名单，被评为"全国道德模范"。2021年，他获得了"七一勋章"。可孙景坤依旧低调，不想给大家添麻烦。生活碰到困难，他从没有向组织张过口、提过任何要求。有人说他除了奖章和伤疤外，什么都没有，太亏了。孙景坤却说："上阵杀敌是我的义务，记功只是对我的鼓励，不是我向党伸手要待遇的本钱。"

获得"七一勋章"后，孙景坤眼含泪花，颤动着嘴唇对身边的家人说："党和国家没有忘记我们。这份光荣不仅属于我，也属于为祖国献出鲜血和生命的战友。"

平凡中的伟大

　　在烽火连天的战争年代，孙景坤立功无数；在和平建设年代，孙景坤带领乡亲发展农业生产，建设乡村，改变家乡的面貌。对自己获得的荣誉，孙景坤从不主动向别人提及，更没有借着荣誉向组织提出任何要求。孙景坤是共产党员吃苦在前、公而忘私崇高品质的典范。

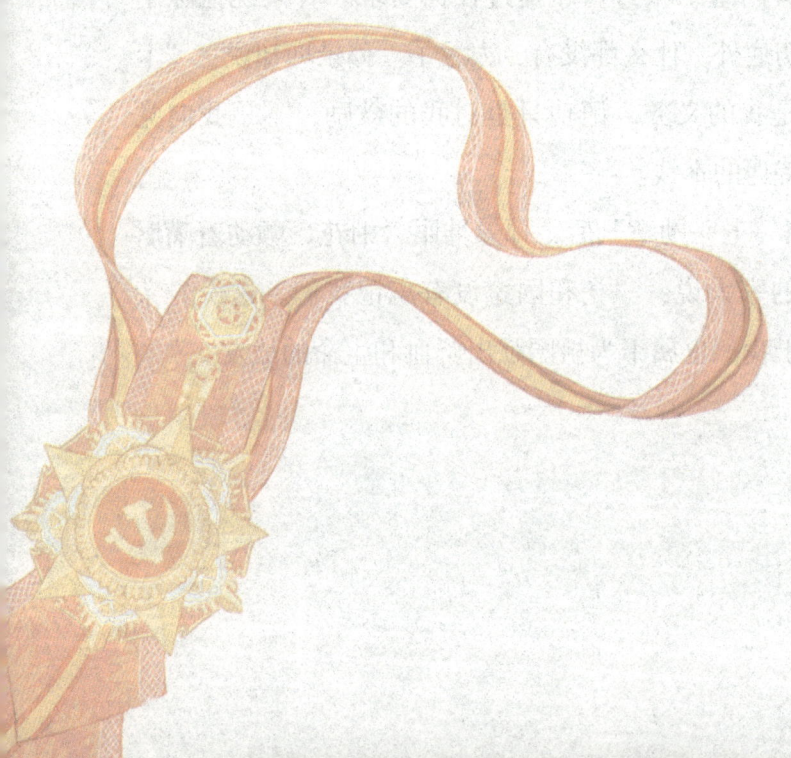

李宏塔：
革命传统、优良家风的传承人

　　他的祖父李大钊是中国共产主义运动的先驱，伟大的马克思主义者，杰出的无产阶级革命家，中国共产党的主要创始人之一。他的父亲曾任安徽省委第一书记、中国人民银行行长。可他始终艰苦朴素、清正廉洁、从严治家，秉承了"革命传统代代传，坚持宗旨为人民"的信念。他是共产党人革命传统、优良家风的传承人，"七一勋章"获得者——李宏塔。

家风

李宏塔的祖父是中国共产主义运动的先驱、革命烈士李大钊，他的父亲李葆华曾任安徽省委第一书记、中国人民银行行长等职。李宏塔是安徽省政协原党组成员、副主席，第十一、十二届全国政协委员。这个"红色家庭"一直传承着共产党人的革命传统、优良家风，那就是始终艰苦朴素、清正廉洁、从严治家，一直秉承"革命传统代代传，坚持宗旨为人民"的信念。

建党初期，李大钊曾拿出大部分工资用于革命活动，资助困难学生，以至于家里时常揭不开锅。

李葆华也是如此。在安徽任职期间，李葆华生活十分清贫，有时候家里做饭只有主食，甚至连几片简单的青菜都没有。

李宏塔继承了这一廉洁简朴的家风。"父母言传身教，告诫我永远保持艰苦朴素的作风。"

"父亲身体力行，严格要求，久而久之，我也知道了该如何做人做事。"李宏塔说。工作期间，他从不搞特殊化，除了极少数赶时间的重要公务外，他从不坐专车，天天骑自行车上下班。他被人们亲切地称为"骑车上班的李厅长"，上班沿路的交警和摊贩都认得他。

直到2003年的时候，李宏塔上了年纪，感觉骑自行车上班比较吃力，这才换了人生中第一辆电动车，他还调侃自己是一个与时俱进的人。

李宏塔在安徽省民政厅担任厅长时，房子是50多平方米陈设简陋的两居室，他曾先后4次主持分房工作，却从未给自己要过一套。在共青团合肥市委工作时，单位要分给他一套大房子，但当看到年轻职工急需婚房，他坚持用自己的一套大房换了3套小户型，分给单位的3个年轻人。李宏塔家并没有多少积蓄，但在基层调研遇到困难群众，他就会想起祖父李大钊救济穷人的事情，情不自禁地自掏腰包帮一把。每次单位开展"送温暖""献爱心"活动，李宏塔的捐款数总是排在前面。低保户过年的饺子皮没着落、前来求助的下岗工人没带伞……类似的小事，他都放在心上。

"革命传统代代传，坚持宗旨为人民。"李宏塔经常用这副自撰的对联自勉，并以此教育子女，要把李大钊的良好家风传承下去，沿着先辈的足迹继续前行。

工作

　　每当提及先辈，李宏塔都会感慨：唯有不忘初心，才能牢记使命；唯有履行使命，才能使初心变成一件件与人民群众幸福生活密切相关的实事好事。1987年，38岁的李宏塔面临着人生重要抉择。当时，他已从事青年工作多年，组织上打算安排他转岗。征求意见时，他毅然选择了安徽省民政厅，理由是："我喜欢直接与困难百姓打交道，给老百姓多办实事好事最合我意。"

　　民政救灾期间，往往是李宏塔最忙的时候。

　　2003年夏天，淮河、滁河流域发生汛情，为了摸清受灾详情，他连续20多天奔走在灾区。他走进安置点一处帐篷，发现暑热难忍，赶紧让工作人员设计新安置方案，寻找集体房屋、闲置校舍重新转移安置。几天后，当地政府腾出办公场所，安置了3万多名住在帐篷里的受灾群众。那段时间，李宏塔也累瘦了，晒黑了，胳膊上的

皮肤被晒得褪了好几次皮，嗓子说得沙哑了，整个人憔悴了许多。看到李宏塔如此舍命奔波，一位老干部深情地说："从宏塔身上，我们看到了革命先驱李大钊先生的革命家风，看到了革命后代的精神风采。"

李宏塔在民政方面工作了近 22 个年头。在这期间，他"视孤寡老人为父母、视孤残儿童为子女、视民政对象为亲人"，每年至少有一半时间在基层度过。李宏塔工作实事求是，从不搞形式主义。在民政系统，他的"反向工作法"广为人知：下乡不搞接接送送，直接让司机"把车子开到送不进去的地方"，步行进村入户了解情况。从百姓家出来，再去乡镇、县市座谈。各级民政部门向他汇报时，有一说一，丝毫不敢"掺水"。

他曾风趣地总结调查研究的经验："层层陪同，只能看到那些精心打造的'盆景'，只有离开公路才能了解最真实的情况。"在困难群众家中，他总是掀锅盖、查米缸、看存折，详细了解政策落实和救助金兑现情况，如发现没落实，现场打电话给当地民政部门，当即解决问题。

追求

退休后，李宏塔也没闲下来，他加入中华慈善总会，为改善中西部困难群众的生活继续奔走忙碌。在中华慈善总会"幸福家园"村社互助工程推广中，李宏塔深入全国各地基层调研。在一些地方，他"习惯性"地自掏腰包，慰问困难群众。"服务群众是件幸福的事。"李宏塔说，"共产党人要始终把自己置身于人民群众中。其实我做的事情，都只是作为共产党员的分内之事。"

获得"七一勋章"后，李宏塔动情地说："作为中国共产党创始人、中国革命先驱的后代，获得一枚沉甸甸的'七一勋章'，我非常感动。当然，不排除这一次中央提名我，恐怕是我祖父李大钊的原因。不是李大钊，我是不够格的。他人不在了，我替他去领奖，然后再献到李大钊纪念馆。"在李宏塔看来，这样的"高光"时刻属于革命先辈，而他要做的是"依然要把党的好传统、好作风不断传承弘扬下去，尽自己所能，做好我应该做的工作"。

平凡中的伟大

"革命传统代代传，坚持宗旨为人民。"李宏塔教育子女要把李大钊的良好家风继续传承下去，要把共产党人的革命传统、优良家风传承下去，艰苦朴素、严于律己，踏着先辈们的脚印继续往前走。

吴天一：
高原医学事业的开拓者

　　世界屋脊上，一位 80 多岁高龄的老人带领医学团队，常年跋涉在离蓝天、白云最近的"天路"上。50 多年来，他推动我国高原医学从无到有、由弱变强，在漫长艰辛的奋斗历程中践行着共产党员的初心和使命。他的名字，深深烙在青藏高原各族群众心中。他就是中国工程院院士、高原医学事业的开拓者、低氧生理学与高原医学专家吴天一。2021 年 6 月 29 日，他站上人民大会堂金色大厅领奖台，戴上了代表党内最高荣誉的"七一勋章"。

一腔深情

2014 年，西藏自治区墨脱县群众听闻县上请来一位医术高超的"门巴族老大夫"，十里八乡的人们纷纷慕名求诊，甚至有骑马骑驴赶来的。

这位"门巴族老大夫"就是吴天一。墨脱通车后，他赴实地开展高原病调查，还很快学会用门巴语交流，以至被群众误以为是墨脱本地的门巴族大夫。

了解吴天一的人，都惊叹于他的语言才华：出生在塔吉克族家庭，读书时说得一口字正腔圆的普通话，大学修过俄语，到青海工作后自学成为"藏语通"，如今英语也不在话下。

1978 年，吴天一与同事共同创建了全国第一家高原医学研究所。为了尽快掌握各种急慢性高原病，1979 年

至 1992 年，吴天一主持了历时 10 余年，覆盖 10 多万人的大型田野调查。他到过青海、西藏、四川、甘肃等地的大部分高海拔乡镇牧村，收集到大量的临床资料，最终提出藏族已获得"最佳高原适应性"的论点，对发生在青藏高原的各型急、慢性高原病作出了科学系统研究，影响深远。

田野调查时，与跋山涉水、风餐露宿的艰辛相比，吴天一更关注工作怎样得到藏族群众的认可和支持。过去由于文化差异，牧民们忌讳抽血化验，可吴天一有办法：戴上毡帽，穿上皮袄、马靴，地道的藏语一出口，牧民就亲热地拉他坐进了帐篷。

20 世纪 30 年代，吴天一出生在一个塔吉克族知识分子家庭。他 9 岁随父母去南京读书。1956 年，吴天一从中国医科大学毕业。在那里，因为防治疫情得力，他获得第一个三等功。1958 年，响应祖国支援西北建设的号召，吴天一来到青海工作。从此，作为中华人民共和国第一代少数民族大学生，吴天一扎根青藏高原，推动了我国高原医学从无到有、由弱变强。

为了开展工作，初到高原吴天一就开始自学藏语，后又长期坚持练习。当然，受到牧民们的认可，除了会藏语，更因为不辞辛劳登门看诊。为牧民罗松杂巴治病的事，时隔 30 多年，吴天一仍记忆犹新。

　　罗松杂巴的家在海拔 4700 米的青海省玉树藏族自治州曲麻莱县秋智乡布甫村。田野调查时吴天一登门问诊，了解到已年过花甲的罗松杂巴因患腿疾连帐篷门都迈不出。一番检查下来，吴天一确诊罗松杂巴患有关节炎，给他开了抗风湿药，还定下热敷、活动韧带等全套治疗方案。1 个多月后，当田野调查团队再次途经此地，罗松杂巴站在帐篷外，带上儿子、孙子一同手捧哈达，等着献给"马背上的好曼巴（曼巴藏语意为'医生'）"。

　　田野调查也是大型义诊，具体惠及人数，吴天一没有特意统计过，"应该有上万名群众"。

　　"我们没有辜负这身白大褂，换来了藏族群众对科研的理解和支持。"吴天一的论文，写在雪山草原上。

一心登攀

为获取特高海拔地区人类生理资料，1990 年，吴天一组织中日联合医学考察队攀登坐落于青海省的玛积雪山。

途中，日方科研人员遭遇了明显的高原反应，不得不中途放弃。而吴天一继续带领中方人员向上攀登，最终在 5620 米的特高海拔地区成功建立起高山实验室。此次科考成果丰硕，国际高山医学协会授予吴天一"高原医学特殊贡献奖"。

吴天一总在挑战自己的身体极限。他设计了一座高低压氧舱，这是全球首个可模拟上至高空 1.2 万米、下至水下 30 米环境的综合氧舱。第一次人体实验谁来做？"我是设计师，我进！"实验中，由于气压变化过快，吴天一右耳"嘭"的一声，鼓膜被击穿了。

从事田野调查多年，在强烈的紫外线影响下，吴天一40 多岁时双眼就罹患白内障，后来做手术植入了人工晶体；跋涉广袤高原，数度遭遇车祸，他全身有 14 处骨折，右大腿里至今还装着钢板……

一生高原

作为青藏铁路二期工程建设高原生理专家组组长，吴

43

天一曾数次带队奔波于青藏铁路沿线，研究确定了一整套卫生保障措施和急救方案，推动工程全线配置了 17 个制氧站、25 个高压氧舱。5 年里，14 万人的筑路大军在平均海拔 4500 米以上地区连续高强度作业，没有一人因高原病死亡，被誉为"高原医学史上的奇迹"。青藏铁路建设期间，吴天一也被称为"生命的保护神"。2006 年 7 月 1 日，青藏铁路全线通车，让吴天一感到无比欣慰。

2010 年 4 月 14 日，玉树发生 7.1 级地震，年逾古稀的吴天一请缨带领医疗队直奔灾区，奋战了整整 7 天。

扎根高原、悬壶济世。——1958 年，吴天一和同为医生的妻子携手奔赴青海，这一待已是 60 多年。这 60 多年，吴天一守护着青藏高原的万千生命，搭起了中国高原医学研究的基本框架，让中国高原医学研究取得了长足进步。

2021 年，吴天一获得"七一勋章"。

平凡中的伟大

吴天一曾应邀到青海一所学校作讲座。面对学子们的青春面庞，80 多岁的吴天一坚持站着讲演。讲稿是他自己写的，结束语是："青藏人民正展开双臂迎接你，你的事业就在这里！"

这句对孩子们的殷殷寄语，正是吴天一一生事业的写照。

辛育龄：
我国胸外科事业的开拓者

　　战争时期，他曾与白求恩并肩战斗，多次冲上前线救治伤员；和平年代，他长期致力于我国胸外科创建和发展，是中国人体肺移植手术第一人；他在胸外科领域多个方面取得"从0到1"的突破，为我国卫生健康事业创新发展做出卓越贡献。

　　他就是中华人民共和国胸外科事业的开拓者和奠基人，中日友好医院的首任院长辛育龄。

"白求恩式好大夫"

辛育龄被誉为"白求恩式好大夫",不仅因为他医术高超,救人无数,还因为他的从医之路与白求恩大夫有着不解之缘。他曾与著名的国际主义战士白求恩并肩战斗过。做白求恩式的好大夫,是他一生的理想和追求。

1937年,年仅16岁的辛育龄参加冀中人民自卫军。1938年5月,辛育龄正式参加了八路军,成为冀中卫生部后方医院的卫生员。1939年,18岁的辛育龄加入中国共产党。那年春天,白求恩的医疗队随八路军一二〇师主力从晋西北挺进冀中。作为冀中军区卫生部小战士,辛育龄被派往白求恩的医疗队,负责医疗队的药品器材供应。在跟随白求恩大夫工作的时间里,白求恩大夫的言传身教,深深地影响着辛育龄。他回忆,白求恩大夫亲自带领医疗团队赴前沿阵地。手术室外炮火连天,手术室内白求恩镇定自若地进行手术。

在一次战斗中,为了摆脱敌人的追击,部队决定当晚往北转移,在途中又遭遇敌机轰炸。在敌机轰炸时,驮药品的马吓惊了,药箱摔破,药品洒了满地。白求恩一看怒气冲天,向负责药品器材的辛育龄大发脾气,训斥他没管住马。辛育龄回忆:"当时我虽然感到挨骂委屈,可是我理解他的心情,这药材损失是涉及人命关天的大事。我一边哭一边收拾洒在地上的药材。幸亏老乡把马找回来，白求恩的气才消了。"也就是在这次敌机轰炸中，辛育龄左臂被划伤，鲜血淋漓。白求恩大夫看到之后急忙为他处理伤口。这道由白求恩亲手缝合过的伤口瘢痕，一直陪伴辛育龄走过漫长岁月。

由于遭遇敌人残酷"扫荡"和严密封锁，转移到白洋淀的医疗队仅有的食物是藕和鱼虾，因缺盐而难以下咽。因担心白求恩的身体健康，经请示党支部书记，辛育龄拿出药箱里的一点精盐给白求恩。不料，白求恩大发雷霆，严肃批评他违反纪律。辛育龄深受震动：白求恩把伤员的生命和健康，看得远比自己重要！

"前进一步，就能多救一批伤员！"在硝烟弥漫的战场上，白求恩不顾个人安危，总是坚持为伤员做完手术再撤退。辛育龄说，虽然跟随白求恩大夫只有短短几个月，但白求恩大夫的精神深深影响了他的一生。

年近 90 岁时，辛育龄在接受采访时仍说："我始终以白求恩精神作为一生的座右铭和旗帜，核心就是两个字：奉献。"

美国代表团看他的手术

1951 年 8 月，辛育龄被派往苏联学习胸外科技术，师

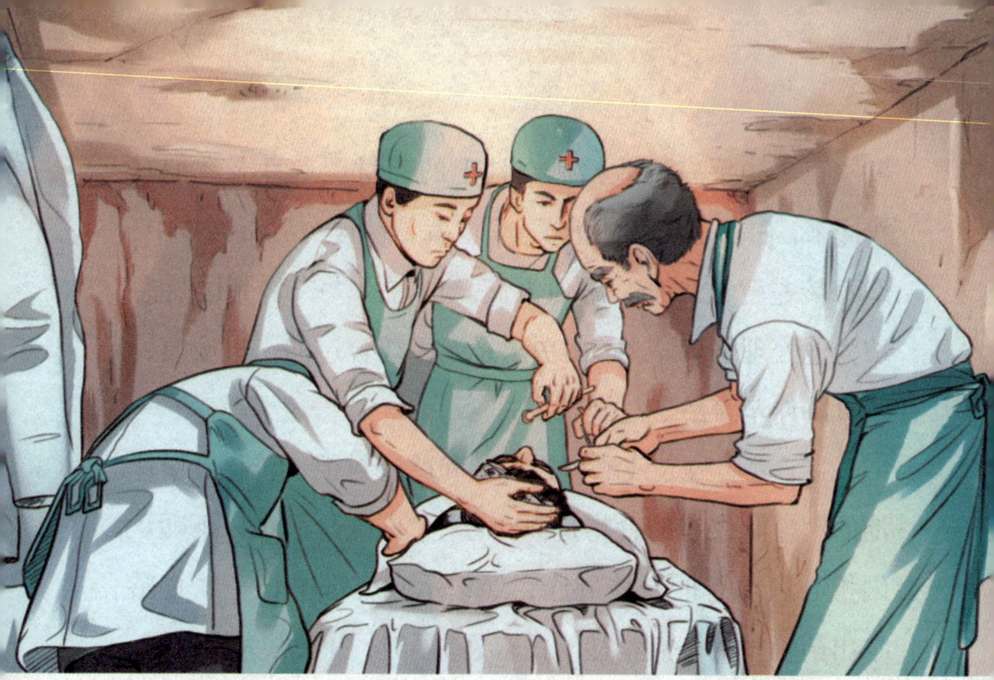

从苏联著名胸外科专家、科学院院士包古士教授。5 年之
后辛育龄获得苏联医学院医学副博士学位回国，掌握了当
时在国内尚属空白的胸外科技术。20 世纪五六十年代，我
国绝大部分省份尚未建立胸外科，而在辛育龄的带领下，
在我国胸外科领域多个方面取得"从 0 到 1"的突破。

　　1972 年，美国总统尼克松访华期间，美国代表团听
说中国有一种针刺麻醉技术，可以在病人清醒状态下实
行肺叶切除手术，特别要求参观辛育龄的针刺麻醉肺切
除手术，他们当时认为"这在现代医学是不可想象的"。
2 月 24 日上午 8 点半，包括美国政府官员、新闻媒体、
随团医生在内的 30 余人，到达北京医科大学第三附属医
院，观摩辛育龄的一台手术。患者因右肺上叶支气管扩张，

准备做右肺上叶切除术。辛育龄在病人手臂上扎针捻动，实施开胸手术，代表团全程摄像记录。最后，一台全身麻醉需要两三个小时才能完成的手术，辛育龄用了72分钟就干净利落地完成了。

术后，患者从手术台上坐起来，回答了美国记者的提问。看到病人神志清醒、平静自如，没有痛苦的表情，美国代表团成员被"针麻"的神奇效果折服了。辛育龄说，他发现临床上肺癌手术后的病人常因刀口痛、咳痰困难和排尿不畅而苦恼。在试用针灸治疗这些症状并取得良好的效果后，便想到应用针灸疗法作为开展中西医结合的突破点。起初，因胸部手术切口较长，麻醉需要扎16针，并由4个大夫在术中不停地捻动，如此复杂的操作很难推广。经过层层筛选、反复试验后，1970年6月25日，辛育龄主刀的首例运用一根针、针刺三阳络透郄门穴行肺切除手术获得成功。辛育龄先后用针刺麻醉做过1400多例肺切除手术，成功率高达98%，令国内外同行赞叹不已，从而推动针灸走向世界。

从院长到普通大夫

改革开放时期，为了追赶世界医学发展的脚步，国家急需建一所现代化医院。技术过硬而又有医院管理经验

49

的辛育龄成为建院院长的不二人选。年逾花甲的他再次勇挑重担。1982 年，辛育龄被任命为中日友好医院首任院长，主持建院工作。

3 年后，一家医教研一体、中西医结合、实力雄厚、设备先进的大型国际性现代化综合医院——中日友好医院拔地而起。在中日友好医院，辛育龄确定了崭新的办院理念和管理理念，强调患者至上，多劳多得、优劳优得，充分调动医生工作积极性。当时的中日友好医院理念是全新的，硬件也是全新的，辛育龄在无数次与日本政府、日本医学界、欧美药械企业沟通谈判的过程中，用最低的价格为医院采购了最先进的医学设备。

不过，辛育龄最大的兴趣仍是临床。医院建成、各项工作步入正轨后，作为创建者的辛育龄，主动辞去院长职位，选择回到胸外科当一名普通胸外科大夫。他说："组织上交给我的筹建任务已经完成，而我更愿意做一名外科大夫。"他作为一名胸外科大夫，一直干到了 89 岁。

2003 年非典疫情期间，中日友好医院被征用为非典定点医院，当时辛育龄已经 80 多岁，还出任专家组组长，为每一个重症患者进行会诊。

日常交往中，他随性亲和，生活简朴。开学术会议，会自己掏钱请同行去医院旁边的小饭馆吃饭；工作中会给病人熬鸡汤、送粥，精心照顾。而他自己却过得很随意，饮食简单，虽然经常出席各类会议，家里却只有一套西服。他觉得一身就够了，但在专业领域，却极为认真。

医院胸外科至今还有一个传统：当手术台上打开了病人的胸腔，医生要小心翼翼地触碰和保护暴露出的肺脏，避免因操作粗暴造成淤青等伤害。虽然患者上了麻醉、没有痛觉，合上胸腔后，也没有任何人能看到内部的情况，但温柔的手法能减轻内脏的伤害，让患者康复得更好。这种看不见的用心，是辛育龄留下的习惯。

辛育龄一直坚持工作，直到82岁还在亲自主刀肺切除手术。家里人劝不动，让学生们劝，学生们同样劝不动。由于年事已高，辛育龄的手已经有些发抖了，但是只要

上了手术台，剥离血管、结扎血管的时候，手一点儿也不抖。

　　和白求恩一样，涉及专业问题，他对身边人的要求十分严格。他常对学生说，一针一线，牵系的是病人的生命安危和家庭幸福。他做手术手法利落，学生们一抬手，他光看姿势就知道技术到不到位。年少从军的习惯，他批评人时的口头禅是"你这个方法就该毙掉"，后辈常常被逗乐。

平凡中的伟大

　　与党同心，与党同行。辛育龄始终把个人理想与党的事业紧紧联系在一起。他说："我始终以白求恩精神为座右铭，核心就是两个字——奉献。"

张桂梅：
深山里的"燃灯校长"

她是崖畔的桂，雪中的梅。她把自己嫁给贫困山区，把贫困孩子当自己的孩子；她几十年如一日，在教师岗位上无私奉献；她担任校长的华坪女子高级中学是全国第一所免费女子高中；她将 2000 多名云贵山区的女孩，送出大山，送到高校，送抵这些孩子父辈们无法企及的平台和轨道。她就是"七一勋章"获得者，深山里的"燃灯校长"——张桂梅。

清晨 5 点 15 分，张桂梅和往常一样，从女生宿舍的钢架床上爬起，坐着宿管员的电摩来到教学楼，在学生到来前，把每层楼的灯一一打开。十多年来，张桂梅每个上学日都坚持着这个颇具仪式感的习惯。"姑娘们怕黑，提前把灯打开让她们更安心。"她说。

创办女高

这是一所深山里的女子高中，而且，是全国第一所免费的女子高中。这所学校主要招收丽江市内边远乡镇、高寒山区以及个别云南省内其他贫困边远乡镇山区和周边省份贫困山区的女学生。这是张桂梅创办的学校。

许多年前，一次家访途中，张桂梅看见一个女孩坐在山坡上，忧愁地望着远方，身旁放着箩筐和镰刀。她上

前询问得知，女孩才十三四岁，父母为了 3 万元彩礼，要她辍学嫁人。张桂梅震惊又悲伤。

扎根边疆教育一线，张桂梅目睹了许多女孩子因为家庭贫困或者性别歧视等原因辍学。每一次张桂梅都会心痛到无法呼吸。张桂梅暗自立下誓愿：要改变大山女孩的命运，让她们通过读书走出大山。她还深深知道，一个受教育的女性，能阻断贫困的代际传递，能够改变三代人的命运。于是，她决心创办免费女子高中，点亮贫困地区孩子们的梦想。

但是，这个梦想实现起来谈何容易。她一直没有得到足够的支持。虽然每年一到寒暑假，张桂梅就四处奔波，筹措资金，可她足足努力了五年，仍未筹集到足够办一所学校的资金，张桂梅备感无力。转机出现在 2007 年，那一年，张桂梅当选为党的十七大代表。在北京参会期间，她向记者讲述了自己办免费女子高中的愿望，随后被媒体报道，引起各界关注。在当地政府和社会各界的支持下，2008 年 8 月，全免费的丽江华坪女子高级中学建成，9 月正式开学，张桂梅担任校长。

经历穷困

华坪女子高中只招收女生，重点招收贫困学生。张桂

梅与这些贫困女学生们心心相通，亲如母女。因为张桂梅的一生，也是非常艰苦和贫困的。

张桂梅是黑龙江人，很小的时候，她的母亲就病逝了。1975年，张桂梅初中毕业后，随姐姐从黑龙江省牡丹江市来到云南省中甸市林业局支边。从寒冷的东北来到湿热的西南，张桂梅心怀建设祖国的热情，很快扎下根来。

张桂梅先后在林场、党校任团支部书记、政治教员，又到局机关当文书、团支书、妇女主任。1983年，张桂梅被调到林场的子弟学校当中学教师。在学校，她深深地爱上了这个传道授业解惑的神圣工作。但是，在教学实践中，她发觉自己的学问与当好一名称职教师距离不小，因此她于1988年以优异的成绩考入了丽江教育学院中文系深造。三年紧张、快乐的学生生活，不仅使她在学识上打下了坚实的基础，同时她也遇到了自己的爱情——一位英俊的白族小伙子。

1990年，毕业后的张桂梅随恋人调到大理白族自治州喜洲一中任教，当年，他们结婚了，开始了美满的婚后生活。

可是，万万没有想到，幸福的时间是那么短暂！张桂梅的丈夫患上了癌症。为了给丈夫治病，张桂梅花光了自己的积蓄，能借钱的地方她都去借了。在这段日子里，张桂梅深深地体会到借钱的艰难。经历这贫穷的苦难，她也深深感受到，一个人困难的时候，是多么需要有人能伸出援助之手！

1995 年，丈夫去世了。张桂梅悲痛欲绝，为了不触景生情，她申请调到偏远的丽江市华坪县去践行自己的诺言："只要还有一口气，我就要站在讲台上！"

带病工作

1997 年，张桂梅被调到华坪县民族中学，担任初三毕业班的班主任。可就在这年 4 月，她被查出患有子宫肌瘤，腹腔迅速膨胀，疼痛难忍。她一面吃止疼药，一面把工作量加到了最大限度。她每天早上 6 点多钟起床，晚上批阅作业、试卷到 12 点。这样，一直坚持到 7 月份，

57

把学生送进中考考场后，才向领导说明情况，住进了昆明的一家医院进行手术治疗。

手术后，医生要求她至少休养半年，可是手术后才24天，她就回到学校了。由于手术失血过多，伤口没有完全愈合，巨大的疼痛折磨着她，可她仍然坚持在讲台。由于过度劳累，张桂梅的病情复发，领导和同事多次劝她再次住院治疗，她不肯。她说："我的事业是教书，我的希望是学生，不把他们送出学校我是不会先走的。"

就这样，张桂梅一直带病工作，从没有请过一天病假。人们常不解地问她，是什么力量使她这样坚强？张桂梅总是笑着说："如果我有追求，那就是我的事业；如果我有企盼，那就是我的学生；如果我有动力，那就是党和人民。"

爱生如女

丽江华坪女子高级中学创办十几年来，已有近2000名大山女孩从这里考上大学。而张桂梅就像华坪女子高中的一盏明灯，燃烧自己，照亮大山女孩的梦。

2020年，华坪女高159名学生参加高考，150人达到本科线，本科上线率为94.3%，其中一本上线人数70余人。"如果没有疫情影响，姑娘们能考得更好。"张桂梅有些心有不甘。其实，这个成绩真的很不错了。因为，华坪女高招收的学生大多来自贫困山区，不少学生基础差，甚至中考分数远低于当地高中的最低录取线。低分进、高分出，高考成绩常年位居丽江市前茅，华坪女高创造了大山里的教育奇迹。

张桂梅没有子女，她把母爱都奉献给了女高的孩子。每逢假期，不管工作多忙，她都要抽出时间去学生家中挨个家访。十多年来，她的足迹遍布丽江市一区四县，行程超过 10 万千米。

一年寒假，张桂梅到华坪县荣将镇家访。在街头，张桂梅一眼就看到一位高三学生正在路边卖甘蔗。"都要高考了，不好好在家看书，咋跑来卖甘蔗？"张桂梅生气地问。当得知这名学生父亲患病、家庭困难的情况后，张桂梅经常偷偷塞给她生活费，直到她顺利考上大学。

张桂梅名下几乎没有任何财产，她没有房、没有车，所有收入都用在了女高的学生们身上，自己一件衣服能穿 10 多年。2018 年初，张桂梅病危入院，华坪县当地领导到医院看望她。躺在病床上的张桂梅拉住领导的手说："我情况不太好，能不能把丧葬费提前给我，我想看着这笔钱用在孩子们身上。"

2020 年，张桂梅被中宣部、教育部评为"全国教书育人楷模"。云南省丽江市专门设立了"张桂梅教育基金"，所筹集资金将用于支持华坪女高发展和补助贫困学生。2021 年张桂梅被授予"七一勋章"。

让张桂梅感到欣慰的是，越来越多的年轻人正在接过她手中的接力棒。受她的精神感召，许多华坪女高的学生大学毕业后，放弃了留在大城市的机会，选择投身艰苦偏远山区的教育事业。

平凡中的伟大

她只是一个普通人。她坚守滇西深度贫困山区教育事业数十年，将自己化为希望。她在寒冷的黑夜中苦苦守护着学生们，她像一缕阳光，平凡又温暖。

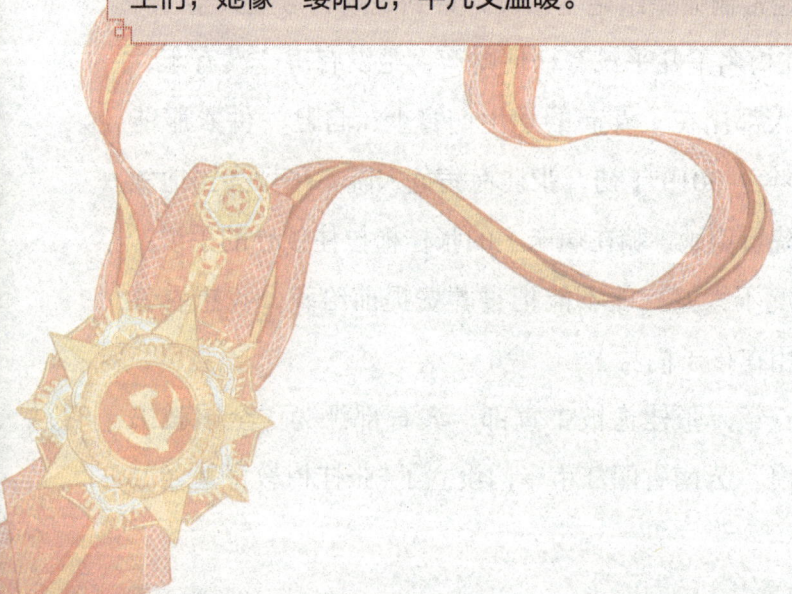

陆元九：
我国自动化科学技术开拓者之一

他生于旧中国风雨如磐的岁月，在战乱中辗转求学，远渡重洋出国深造；他冲破阻力回到祖国怀抱，为我国自动化研究与发展做出了开拓性贡献；他年近花甲还重返科研一线，为中国航天事业发展殚精竭虑。

他是中国科学院院士、中国工程院院士，还是国际宇航科学院院士；他是我国著名的惯性导航及空间飞行器控制专家，是自动化科学技术开拓者之一；他是一名优秀的科学家，更是一名优秀的共产党员。他就是"七一勋章"获得者陆元九。

艰苦求学路

1920 年 1 月陆元九出生在安徽省滁州市来安县一个知识分子家庭。陆元九的父亲是一名中学数学教员，在当时是家乡少有的知识分子。家庭给了陆元九良好的熏陶，他 5 岁入小学，11 岁入安徽省立第八中学读初中。初中毕业后，陆元九考取了有名的江苏省立南京中学。他在战乱中辗转求学，目睹了日寇的野蛮侵略，也切身感受到国力羸弱、民不聊生，爱国的种子在他心里萌芽。

1937 年 8 月，陆元九赴上海参加完高考，就发生了"八一三"事变。当时，陆元九报考的是交通大学和"中央大学"，上海沦陷后，已从南京迁往重庆的"中央大学"录取了他。炮火中，他和同学们只能在山顶上搭建的简陋平房里上课，有时为了躲避轰炸，不得不跑到防空洞中学习。就是在这样的条件下，陆元九不仅系统学习了航空工程系的必修课，还自学了空气动力学、飞机结构设计等课程，成为中国本土第一批系统学习航空技术的大学生。

20 世纪 40 年代中期，他又考取第一批赴美公费留学生，进入美国麻省理工学院航空工程系。抱着"既然来留学，一定要学新东西"的态度，他毅然选择了仪器学专业，师从有着"世界惯性导航技术之父"之称的德雷珀教授，研究当时很少有人听说过的"惯性导航"。读这个专业，不仅要学习大量新课程，论文完成前还需考试，不少外国学生望而却步，但是这难不倒踏实勤奋的陆元九。在相当长的一段时间里，他都是这个专业第一个、也是唯一一个博士生。但他始终没有忘记的是，"自己是中国人，回去给中国做点事情"。

拳拳报国心

1949 年，陆元九获得了博士学位。获得博士学位后，29 岁的他被麻省理工学院聘为副研究员、研究工程师，在导师的科研小组继续从事研究工作。但对陆元九来说，还有一件更让他激动的大事：中华人民共和国在这一年诞生了！到了为祖国贡献本领的时候了！

63

但是，回国却面临着一道道难关。他从事的研究属于重要机密，美国当局强迫他办绿卡。为了彻底扫清回国的障碍，他两度申请调离密级较高的科研小组，从事民用科技研究。他先转到一个研究原子弹爆炸破坏效应的实验室，又离开实验室，到福特汽车公司研究所进行民用科技研究。此间，他参加了多项先进科技项目的探索，其中包括世界上第一辆气垫车。

抗美援朝结束后，中美达成协议，用美国战俘换取中国留学人员回国。陆元九终于获得了回国的机会。

　　1955 年，陆元九怀揣着拳拳报国赤子心，几经周折，终于办好了回国手续，和妻子、3 个孩子登上了回国的轮船。阔别 11 年，陆元九终于带着先进技术和炽热的爱国心回国了。"回家了，终于回家了！"1956 年 6 月，当陆元九带着妻儿终于站在阔别多年的祖国大地上时，他的心中无比畅快。

　　回国后，陆元九历任七机部一院研究所所长，七机部、航天工业部总工程师，航空航天工业部、中国航天工业总公司科技委常委、顾问。

　　1980 年陆元九当选为中国科学院院士（学部委员），1985 年当选为国际宇航科学院院士，1994 年当选为中国工程院院士。

他与新中国第一批科技工作者，共同开创了我国的自动化领域，为"两弹一星"工程的实施，打下了坚实的专业技术基础。"我们这一代人就是要把毕生最宝贵的年华奉献给国家和民族。"陆元九坚定地说。

为国效力行

回国之初，时值中科院筹建自动化研究所，陆元九由于研究专长被分配到该所，先后担任研究员、研究室主任和副所长，参加研究所的筹建工作和惯性导航技术的研究开发。

1958 年，陆元九积极响应"我们也要搞人造卫星"的号召，并提出：要进行人造卫星自动控制的研究，而且要用控制手段回收它。这是世界上第一次提出"回收卫星"的概念。与此同时，我国第一个探空火箭仪器舱模型也在陆元九和同事们的手中组装出来了。

1964 年，陆元九的著作《陀螺及惯性导航原理（上册）》出版。这本书是我国惯性技术方面最早的专著之一。

1965 年，他领导组建中科院液浮惯性技术研究室并兼任研究室主任，主持开展了单自由度液浮陀螺、液浮摆式加速度表和液浮陀螺稳定平台的研制。在此之后，我国第一台大型精密离心机也在他的主持下诞生。

　　熟悉陆元九的人都知道，他个性倔，本质特征就是要求严。工作中，他反复叮嘱大家："如果不把技术问题吃透，是要吃亏的。如果技术问题搞不清楚，腰杆子就不硬。""上天产品，99分不及格，相当于零分。100分才及格，及格了还要评好坏。"

　　1978年，陆元九重回科研一线。在担任北京控制器件研究所所长期间，他积极参加航天型号方案的论证工作。他根据国外惯性技术的发展趋势和国内的技术基础，对新一代运载火箭惯性制导方案的论证进行了指导，确定采用以新型支承技术为基础的单自由度陀螺构成平台—计算机方案。陆元九还一直坚持贯彻"完善一代、研制一代、探索一代"的精神。在他的领导下，中国航天先后开展了静压液浮支承技术等预先研究课题以及各种测试设备的研制工作。

　　1982年12月，陆元九光荣加入了中国共产党。

　　让年轻人"进步快一点"，更是陆元九的夙愿。身边的人常说："他注重培养人才，在航天专家里出了名。"陆元九本人也常说："人才的科学作风是我们中国航天面临的较为重要的问题，是航天事业可持续发展的动力和源泉，也是迈向国际一流宇航公司的基石，我们必须解决好这个问题。"在他的努力下，航天系统自培高学历人才成为风尚。

如今，已至期颐之年的陆元九仍在为我国航天事业贡献余热。他在陀螺、惯性导航等领域求索奋进的铿锵足音，必将与我国航天创举的一曲曲凯歌交响共鸣。

平凡中的伟大

几十年来，陆元九对党忠诚，奋发图强，潜心研究，矢志奉献。而他那颗穿越百年的赤子之心，从未改变。他说："祖国永远是我的挚爱。在自己的祖国工作，再苦再累都是快乐的。"

林丹：
扎根社区四十余年的"小巷总理"

　　她被人民群众亲切地称为"小巷总理"。在工作中她以党建为引领，创新社区治理模式，推行"一趟不用跑、最多跑一趟"服务，设立居民恳谈日、"居家养老服务中心"等便民服务，把党的工作做到群众心坎上，获得了群众的爱戴。她荣获过"全国优秀共产党员""全国三八红旗手标兵"等称号。她就是"七一勋章"获得者林丹。

走进福建省福州市鼓楼区东街街道军门社区，首先映入眼帘的是镌刻着"昔日纸褙军门前，今日文明一枝花"的牌坊。这副对联生动诉说着这里从昔日墙壁上都褙着报纸的木屋区，到如今坊巷园林式社区的蝶变。

华丽蜕变的背后，离不开林丹的艰辛付出。在社区工作站的办公室里，身材娇小、留着一头利落短发的社区党工委书记林丹，一如既往地在为居民排忧解难。满墙的奖状、证书、奖杯见证了她的多年付出和创新探索，其中最耀眼的是一枚熠熠生辉的"七一勋章"。

一个最基层的社区工作者，为什么会获得党内最高荣誉？答案就在社区。她扎根基层50年，脚踏实地做好社区每一项工作，一心为民，当好党的"传声筒"，群众的"服务员"。她给孤寡老人当女儿，给失足青年当妈妈，给全体居民当"保姆"……她以党建为龙头，创新社区管理模式，推行"一趟不用跑、最多跑一趟"服务，新建养老服务照料中心、少儿托管中心等，解决老人吃饭、学生托管问题，把工作做到群众心坎上，被群众亲切地称为"小巷总理"。

1972年，23岁的知青林丹回城，在等待工作分配时，军门社区居委会的老主任邀请她前去帮忙，从此她与社区工作结下不解之缘，一干就是50年。"老主任就是一名党员，在群众中口碑很好。她说我整天笑眯眯的，这

性格很适合做社区工作。"林丹回忆，在老主任的感召下，她努力向党组织靠拢，每天走街串巷，倾听家长里短，记下居民们最关心的事，想方设法帮助解决。1985年，林丹成了一名中国共产党员。

社区虽小，但连着千家万户。对于居民们家中的难事、烦心事，林丹看在眼中，记在心里。为化解群众矛盾、解决群众难题，她不知经历了多少辗转难眠的夜晚，虽然苦，虽然累，但毫无怨言。

年过八旬的独居吴老太一次摔倒后瘫痪在床，生活不能自理。林丹将一日三餐送到老人床边，还特意学了按摩技艺，帮助老人康复。3年后，吴老太过世，火化遗体需要家属签字，林丹毫不犹豫地签上了自己的名字。有居民好心提醒："你的母亲还健在，这样做不吉利。"

林丹回答得很干脆："她在我心里也是母亲，我就是她的女儿！"林丹先后照顾过社区内8位孤寡老人的生活起居，让他们体面地走完人生。

林丹设身处地为困难居民着想，从不落下一家一人。社区里还流传着许多林丹"以真心换人心"的佳话：失足青年刑满释放后无家可归，林丹将其领回家，像对自己儿女般真心相待；贫困户家庭为子女上学发愁，她用自己不多的工资资助，并发动辖区单位与特困户结对……

社区工作站建成后，林丹的办公室本来被安排在二楼，她却坚决要求搬到一楼。"这样老百姓来找我，一眼就能看见我。听见大厅里有什么动静了，我也可以第一时间出去调解。"她总想着离社区群众近些、再近些。

"社区是党和政府与群众联系的桥梁，居民有需求、社

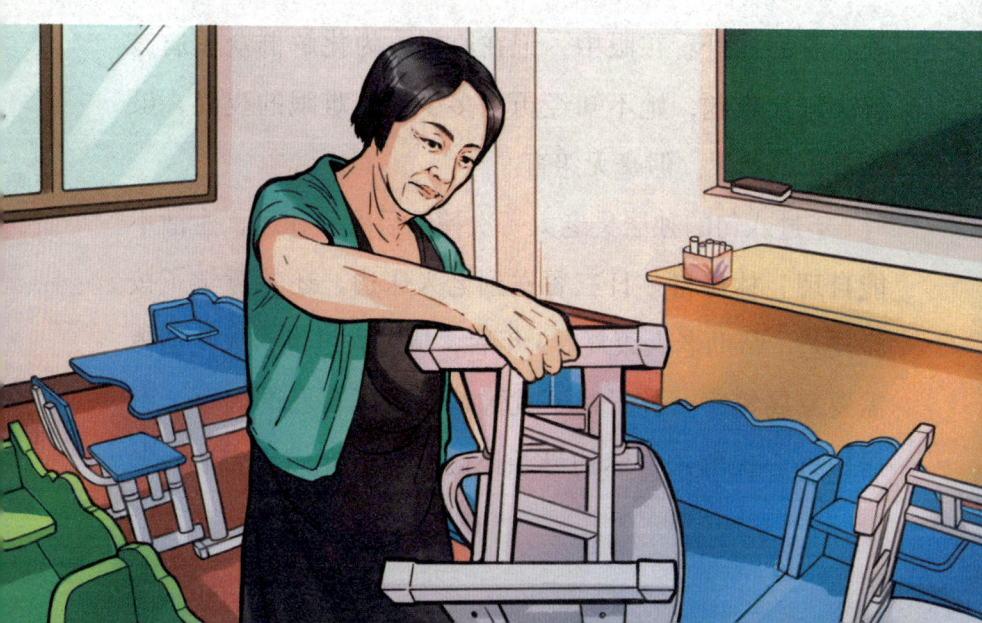

区就要有服务。"林丹是这么说的，也一直是这么做的。她把社区当成家经营，把居民当成家人对待，串千家门、知千家忧、解千家难。军门社区的群众都说："哪里有困难，哪里就有我们'小巷总理'的身影。"

"如何让群众生活和办事更方便一些，如何让群众表达诉求的渠道更畅通一些，如何让群众感觉更平安更幸福一些。"林丹带领社区党组织和党员干部，共同致力于回答好"三个如何"的时代命题。从助学、助医、助困"吉祥三宝"，到"党员义务十大员"，再到"13335军门社区工作法"，林丹总在自我突破、推陈出新，用基层党建引领社区管理创新。开辟再就业一条街，通过辖区单位腾岗、送岗，帮助失业人员就业；提出党员帮群众、群众再帮有困难的群众，"近邻党建"模式使互帮互助蔚然成风；把每月 10 日定为"居民恳谈日"，倾听居民诉求，邀请相关职能部门参与，共同解决难题……

林丹晚上会在床头放一支笔和一个笔记本，看电视、看报纸和学习材料时，发现可以学习借鉴的就记录下来，因地制宜加以创新。林丹爱琢磨工作、心里装着人民，上为政府分忧、下为百姓解难。她带领党员建立起居家养老服务中心、小学生"4 点钟学校"、军门社区少儿托管中心等社区服务功能站，解决了孤寡老人照料、双职

73

工家庭孩子接送、儿童就近课外辅导等一大批城市生活亟须解决的现实问题。"我每天都来，除了有免费的戏看，还能在这吃饭、看病、参加活动。多亏了咱们的'小巷总理'，让老年人生活既充实又快乐。"居民王奶奶的话得到周围老人的一致认同。社区忙的都是"婆婆妈妈"的事，忙到现在，林丹自己也成了70多岁的老婆婆了。

2020年春节前，新冠肺炎疫情来袭。除夕夜，林丹顾不上和家人吃团圆饭，匆匆赶到社区值班。从那天起，参加疫情防控会议、布置工作、防控宣传、"守住"小区出入口、代买生活用品……林丹每天早出晚归，连轴不休是常态，好几次犯低血糖，头冒冷汗，只吃块巧克力应付。"'真心为民、敢拼会赢'是林丹书记喊出的口号。"其他社区工作人员由衷感慨："她70多岁的年纪，却有着17岁的激情，身上的那股韧劲、拼劲，让我们这些年轻人都自叹不如。"

林丹始终牵挂着社区，却从来没有心疼过自己。腿脚不方便，但她每天仍穿行于社区的大街小巷；常年与群众打交道，她长期用嗓过度，落下了声音沙哑的"职业病"，曾接受两次声带手术，包里常备各种润喉片；办公室墙上有一个用于输液的钉子，身体不舒服时，她坚持一只手打着吊针，另一只手忙工作。2020年11月，因做喉咙息肉手术失败，林丹一度住进ICU，医生建议她至少休养一个月。然而出院后第三天，她就克服病痛，又投入到社区工作中。

平凡中的伟大

在社区工作，没有轰轰烈烈，但把一件件小事做好也殊为不易。尽管早已荣誉等身，获得"七一勋章"仍让林丹感到前所未有的激励与鼓舞："我只是做了一个社区工作者该做的事，党和人民却给我这么高的荣誉。只要大家需要我，我愿一辈子为人民服务，当好百姓的'服务员'。"

周永开：
一生追随党，赤诚为人民

　　中华人民共和国成立前，他冒着生命危险在川北地区开展党的地下工作；中华人民共和国成立后，他全心全意为百姓造福，恪尽职守推动地方发展，是群众心中的"草鞋书记"；离休后，他带领群众植树造林，建成国家级自然保护区，被父老乡亲亲切地称为"周老革命"。他就是"七一勋章"获得者周永开。

出生入死的地下工作

1928 年，周永开出生于四川巴中一户普通农民家庭。他幼年丧母，祖父与父亲靠给地主做长工为生。1943 年，周永开来到化成小学求学。这是中共地下党在川北活动的大本营，学校老师大多是地下党员，经常给孩子们讲革命道理。自此，革命的种子便在周永开幼小的心中深深地扎下了根。1945 年，周永开 17 岁。一个夜晚，在化成小学背后的山坡上，周永开在老师王朴庵的见证下，高举紧握的拳头，庄严宣誓："我志愿加入中国共产党！"

"那年我 17 岁，从入党那一天起，我就立下誓言，要为穷苦人翻身求解放，我不怕死，绝不当叛徒，党怎么指挥，我就怎么走；党叫我干什么，我就干什么。"讲起自己入党的心路历程时，周永开说。

1948 年，周永开任中共达县地区通南巴平（通江、南江、巴中、平昌）中心县委组织委员，兼任巴中县委书记，在敌人的刀口下坚持斗争。

周永开做组织工作成效显著。到 1949 年下半年，通、南、巴、平共发展党员上千名，建立区委十余个，支部数十个。周永开把严守党的纪律、保守党的秘密，看得比自己生命都重要，他的党员身份曾一度连妻子吴应明都不告诉。后来，他看到妻子积极追求进步，多番考察核实后，才介绍妻子加入了党组织。当时周永开的小叔周一修也是地下党员，为了革命他们各自隐蔽身份，直到解放时，周一修才知道一个屋檐下竟然有3名共产党员。

1949年，上级指示巴中地区武装起义。起义需要枪支，可当时能够搞到枪支的成都正处于黎明前最黑暗的时候，每5家百姓就有1个特务盯着，搞杀头连坐。而且从成都到巴中沿途都是关卡。周永开他们就把枪藏在白蜡里，装作贩卖白蜡，把枪运回巴中，举行了武装起义。武装起义积极配合了人民解放军解放四川的战斗。

"草鞋书记"全心全意为人民服务

中华人民共和国成立后，周永开先后担任了巴中县委书记、达川地委副书记等职务，就在那时，他留下了"草鞋书记"的美名。

巴中地处大巴山深处，属喀斯特地貌，常年干旱，老百姓常常望天求雨。中华人民共和国成立后，为了解决人民所需，担任县委书记的周永开规划兴建化成水库。

为了建成水库，周边数万多民工日夜奋战。周永开也常常步行10余千米到工地，白天和老百姓一起修水库挑土方，晚上还要连夜开会研究工程进展，安排工作。工地上，戴着草帽、脚踩草鞋的周永开和其他民工一个样，

满身尘土。很多人后来才知道，这个穿草鞋的农民，竟然是县委书记。从此，"草鞋书记"的名声传开了。

1960 年，化成水库建成，大坝高 46 米，昔日荒沟变成碧波荡漾的人间天池，成为当地防洪抗旱的依靠。这座美丽的水库 2003 年被选定为巴中市区饮用水水源地，2015 年成为国家级水利风景区。

20 世纪 90 年代初，周永开在达州任职期间，来到革命老区、风景圣地花萼山。花萼山美则美哉，但山区的穷困让周永开忧心忡忡。当时，花萼山山里不通公路，也不通电。他手攀悬崖、脚踏险路，步行了一整天才登上山顶的项家坪村。

一定要拔除穷根！周永开在心里立下誓言。之后，他一遍又一遍地山下跑部门，催进度，上山说服村民出劳动力，前后接力，终于在花萼山区建起一条 20 多千米的通往外面的公路，也完成了花萼山区所有村子的通电工程。当灯火点亮花萼山时，山里的人们又惊喜又感叹。

共产党员永不退休

1992 年，周永开离休了。但周永开有一句在当地广为流传的名言："共产党员职务上离了休，但为党工作不能离休。"

离休之后，周永开始终放不下花萼山区。那时，花萼山地区有些地方遭到乱砍滥伐，生态遭到严重破坏。周永开下决心投身花萼山护林造林事业。1994 年，周永开与两位退休老人一起自发组成三人义务护林小组，到花萼山护林。

周永开花了数万元积蓄从外地购买了一批树苗，又用自己的积蓄租用了两间茅草房作为办公用房，还出资聘请当地老百姓当护林员，正式成立了民间保护组织。他立下誓言："一定要把绿色还给大山。"他完全忘记了自己已是一名花甲老人。

这件事，周永开一干就是 20 多年。他不让人上山采松子，说那是松鼠野猴的粮食；他不准人上山砍树，说那是森林的根基；他不许人上山修房建屋，说那是动物的领地。乱砍滥伐者、盗猎者只要听说周永开来了，就躲得远远的。护绿水，保青山，周永开开启了巡山护林之路。他先后走遍花萼山区 11 个乡镇 30 多个行政村 51 个组。有时巡山一整天，饿了吃干粮，渴了喝山泉水，晚上只能睡在垫着棉絮的木板上。他日复一日的坚持感动了当地村民，大家纷纷加入护林队，成为义务护林员，保护山林逐渐成了村民们的自觉习惯。

20 多年间，周永开在花萼山义务植树造林 1500 多亩，硬是把荒山变成了绿林，这些山林被村民亲切地称为"清风林"。"绿水青山就是金山银山。"在守山护林的同时，周永开不忘带领乡亲们脱贫致富。花萼山盛产各种名贵中药材，周永开就以野生繁殖的萼贝为突破口，先搞试种，成功后带领乡亲们学技术，人工繁育特色中药"花萼贝

母"。如今，花葶贝母成为当地有名的土特产，成为当地群众脱贫致富的"金砖"。他还带人调查野生蜡梅资源，引种蜡梅，力推优质蜡梅的培育及发展惠民工程，竭力为山区农民找到生态与致富的双赢途径。

如今，花葶山面貌焕然一新。2007 年，经国务院批准，花葶山成为国家级自然保护区。山区人民的生活也摆脱了贫困，全面进入小康。

在花葶山守山护林的岁月里，周永开经常自费帮助各种贫困家庭，他私人出资翻修了山上的学校，连续 10 年资助数十名花葶山的贫困孩子上学。

如今年过九旬的周永开依然保持着旺盛的革命热情和对党对人民的无限忠诚。2020 年初，新冠肺炎疫情席卷全国，周永开又向红十字会捐献了 10 万元现金。

这些年，周永开已经记不清捐献了多少钱，但他始终记得"把一切奉献给人民"的庄重承诺。"共产党人没有私心，等我们老了，我所有家产包括这房子也捐献给国家。"周永开说。

平凡中的伟大

人生不言老，最美夕阳红。无私奉献，开拓进取，敢于担当，至纯至粹，党员的光辉在周永开同志身上展现得淋漓尽致。他用一生的时光体现对党忠诚的秉性，用无数个日月表达对党员身份的珍惜和爱护。党员光辉，永不消散。

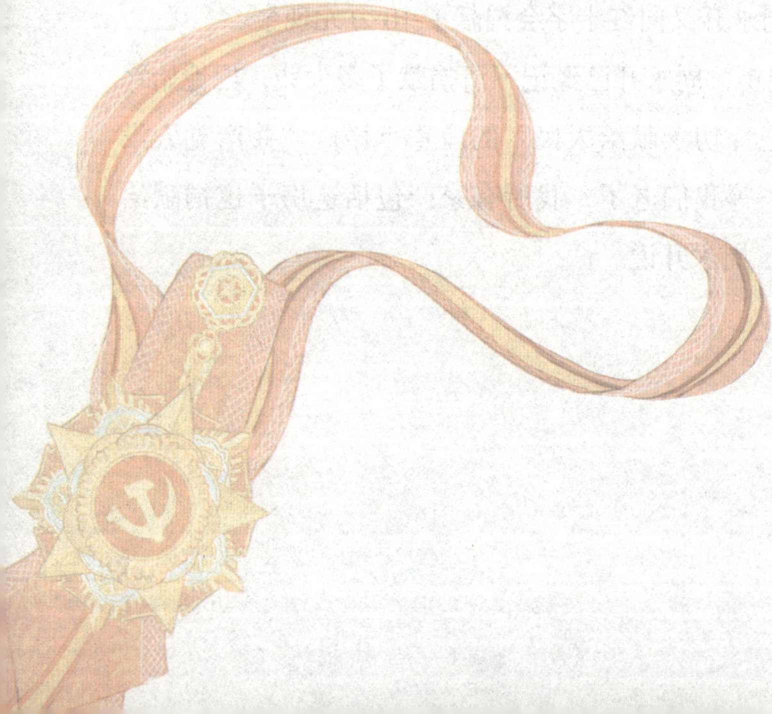

柴云振：
深藏功名三十三载

抗美援朝战场的朴达峰阻击战中，他孤胆冲锋、歼敌百余人，端掉敌军营部。和平时期，他平凡淡泊，悄然回到老家四川省岳池县农村。组织找到他时，这位被誉为"活着的烈士"带着24处伤痕，已隐功埋名回乡务农33载。为什么对自己的功劳不提不念？他曾这样说："我不是英雄，真正的英雄是那些牺牲的战友。"他就是"七一勋章"获得者、中国人民志愿军"特等功臣""一级战斗英雄"柴云振。

1951 年 4 月 11 日，《人民日报》发表了作家魏巍到朝鲜实地采访后写成的通讯《谁是最可爱的人》，从此，"最可爱的人"这个亲切而又充满敬意的称呼就成为中国人民志愿军战士的专属名称。柴云振，就是魏巍创作的原型之一，被称为"活着的黄继光"。

可柴云振立功后不久，他就"失踪"了。

1984 年 9 月 12 日，《四川日报》刊登了一则不寻常的《寻人启事》：

寻战斗英雄柴云振

柴云振原系我部八连七班班长，在一九五一年抗美援朝第五次战役朴达峰阻击战中英勇杀敌，荣立特等功，并授予英雄称号，因负重伤，回国住院，与部队失掉联系。本人见此启事或知其下落者，请速与某部队政治部联系。

党和人民从来没有忘记每一位"最可爱的人"，柴云振所在部队也没有忘记他。无论是1952年在朝鲜前线给英雄、功臣授勋前，还是1982年部队为英雄编写传记时，战友们一直在寻找他。

1952年部队就派人查遍了东北、华北和上海所有接治过朝鲜战场伤员的医院；1982年、1983年部队又向20多个地方政府部门发出60多封寻人信件；后来在秦基伟将军的亲自安排下，部队更是派出几个寻访组赴河南、河北、山西、湖北，从各省市民政厅、局查阅烈士、复转军人名册，到一些烈士陵园寻找每块墓碑，甚至到农村找柴姓集中的村庄，仍旧一无所获。就在大家一筹莫展之时，柴云振的战友孙洪发回忆说："听柴云振的口音，好像是四川人。"于是部队向四川求助，在《四川日报》登了上面的《寻人启事》，这可是寻找英雄的最后一招了。

1984年秋天的一个傍晚，柴云振的大儿子柴兵荣开着拖拉机从乡小学门前经过，刚放学的几位学生拦住他的拖拉机大声嚷道："柴兵荣，你爸爸的老部队在找你爸爸啦！"

"你们是怎么知道的？"

"报上登了。"

柴兵荣跳下拖拉机快步走进学校，和老师说明来意。老师马上找来报纸递给了他。看着这则《寻人启事》，柴兵荣的眼睛一亮——真是寻找他爸爸的。他怎能不激动呢？爸爸多次向自己讲述过朴达峰阻击战。

"老师，这张报纸我拿去用用吧？"老师点头同意。他拿上报纸向家奔去。晚上，昏暗的菜油灯下，柴云振戴上老花镜盯着《寻人启事》反复看了十几遍，拿报纸的手不停地颤抖，激动的眼泪夺眶而出。他太想部队，他太想"家"了。

忽然，他用力拍了一下自己的脑门："哎！我这是怎么了？只顾高兴，只顾激动，怎么反复看了多遍，连这个字也没看出来？"

柴兵荣一惊，忙问："什么字呀？"

"你看看，柴云振——我叫柴云政，这上面登的是柴云振，怎么会是我呢？云振，云政，不是一个人嘛！"

柴兵荣也傻眼了："那，那……"那了半天忽然又问道："爸，振和政虽然不同，可是朴达峰阻击战时，八连七班班长总不会是两个人吧？"

"娃儿啊，你不知道。我负伤的时候，战斗还没有结束，肯定会有人接替我的七班班长职务继续战斗。会不会接替我的同志叫柴云振？咱可不能瞎认这个账！"其实柴云振心里很清楚，报纸上寻找的就是自己，但是，他想起30多年前和自己并肩战斗而倒下的战友却不愿再接受什么奖励。

柴兵荣劝道："过去天天想部队，不知部队在哪里，现在知道了，又害怕回去，这算什么事？"这一句话点中了柴云振的心思。

1984年9月23日，柴云振在儿子的陪同下回到了阔别33年的"家"。负责寻找柴云振的同志正在洗衣服，突然接到政治部值班室的电话："你们要找的老英雄柴云振回来了，就在这里。"这位同志立即丢下盆里的衣服，向值班室跑去，没跑多远，他的脚步慢了下来。他想：我们谁也没见过柴云振同志，如果认错了人，就是对党和人民不负责任。

见了面，两人握手时，这位同志就发现柴云振的右手食指短了半截，便问道："老同志，您的手指是怎么了？"

"在和美国士兵摔跤时被咬断的。"

"还有别的地方受伤吗？"

老英雄用手拨拉着稀疏的灰白头发，一块块伤痕立刻露了出来："这是敌人用石头砸的，一共24处。"

再详细谈到战斗过程，与部队原来掌握的情况完全相符。接待者一边给他倒茶递烟，一边又问了些问题。老人似乎觉察出对方的用意，忙掏出残疾证和复员证，接待者打开一看：师、团、营、连番号一字不差。

谁知这时，柴云振实事求是地说出了自己的心思："我叫柴云政，不叫柴云振。"接待者忙打开残疾证和复员证再次观看，可不是嘛，上面明明白白写着柴云政。这是怎么回事？找了 30 多年的柴云振，怎么叫柴云政？难道会是两个人？为了慎重起见，部队用加急电报通知老战友孙洪发和原师警卫连文书董贵臣来辨真伪。3 位老战友一见面就热烈拥抱，喜泪盈眶，说不尽 30 多年的离别情，说不尽 30 多年的战友谊，说不尽 30 多年的相思苦。

老战友相聚，大家情不自禁地谈起 33 年前的那次战斗——

1951 年 6 月 4 日，朴达峰阻击战进入第 8 天，7 班班长柴云振奉命带领全班连续反击。在占领了几个山头，歼敌数百人之后，子弹打光了，仍顽强地与敌人展开肉搏战。他挖瞎了一个美军的双眼，却被敌人咬掉了食指，他的头也被敌人用石块砸得血肉模糊，昏了过去。这时

兄弟部队赶到，消灭了残敌，发现浑身是血的柴云振还活着，于是对他进行紧急抢救，背下阵地，送到战地医院急救包扎。由于失血过多，他昏迷不醒，被送回国进一步治疗。10天后，在汽车的颠簸中他终于苏醒过来，在医护人员的帮助下，从担架上艰难地坐起来："这是哪里？我要去杀鬼子！"医生告诉他，他的脑部严重受伤，头部被砸了20多道深深的伤口，能活下来就是奇迹，不适合再上战场。

康复之后，他不愿继续待在后方休养。不能打仗了，但还能劳动！他说："当兵就是为了打仗，负伤了不能打仗当然就回家种地，当兵前也是种地的嘛。"于是，柴云振带着三等乙级残废军人证，复员回了家乡四川广安岳池县大佛乡，安心当农民。

最后董贵臣解开了柴云振名字差错的谜底。原来柴云振在师警卫连时叫柴云正，后来连队文化教员为给他的名字赋予一定的政治意义，就叫文书董贵臣在他的正字旁加了个反文，成了柴云政。朴达峰阻击战时，师警卫连向连队移交名单，因时间紧迫，由董贵臣念，连队文书傅光楚写，南腔北调的，结果把"政"字记成了"振"字。"我们山东人，政、振念的是一个音。"董贵臣诙谐地说。

2018年，柴云振去世。2021年6月，柴云振被追授"七一勋章"。

平凡中的伟大

1985 年，柴云振等战斗英雄参加了中国人民志愿军赴朝作战 35 周年纪念活动，获得了一枚"迟到"30 多年的"一级自由独立勋章"。但在赴朝鲜军事博物馆参观的时候，柴云振却发现了自己的"遗像"。他百感交集，亲手摘下了自己的"遗像"，他说："其实我不是英雄，真正的英雄是那些牺牲的战友。"

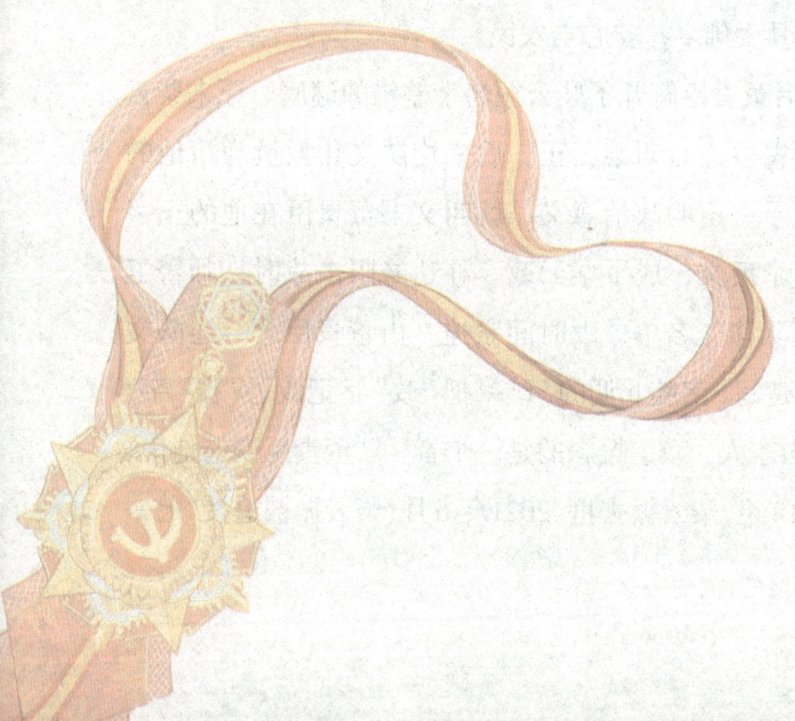

郭瑞祥：
矢志坚守初心的红军战士

花季 16 岁，不少人还在父母怀里撒娇的时候，他已经投身革命；他 17 岁加入中国共产党，九死一生犹未悔，初心如磐，政治本色永不褪；他历经抗日战争和解放战争的战火洗礼，荣获"三级独立自由勋章""三级解放勋章""独立功勋荣誉章"。他就是"七一勋章"获得者郭瑞祥。

　　"这是党授予的最高荣誉，我一定要到现场来领。"101岁的老红军战士郭瑞祥不顾体弱力衰，不顾家人劝阻，从大连赶到北京，坐在轮椅上，接受了"七一勋章"。

　　1920年12月，郭瑞祥出生于河北邯郸魏县南双庙镇尹野马村一个贫苦农民家庭。少年时期，他在乡间私塾求学，受进步同学影响接触了共产主义思想。早年父亲被地主残害的惨痛经历，让郭瑞祥与反对剥削和压迫的先进思想产生了共鸣。16岁时郭瑞祥在尹野马村投身革命，第二年加入中国共产党。从此之后，这位农民的儿子坚定了跟党走的信念，无论遇到什么困难和考验，从未动摇。

　　入党后，郭瑞祥先后任村组织委员、党支部副书记、青年抗日救国会主任、先锋队队长。七七事变爆发后，

他在复杂险恶的环境中从事地下工作，收集了大量情报，并且积极在群众中发展党员，扩大党的队伍。

有一次，地下党组织遭到破坏，郭瑞祥的上级遇害，他也随时有生命危险，党组织成员暂时分散隐蔽。一段时间之后，郭瑞祥觉得"不能让队伍就这样散了，必须重建发展力量"。于是，他冒着危险开始秘密联络老党员和周边村子的热血青年，带领几十人加入八路军。

抗日战争时期，郭瑞祥先后参加大小战斗十几次，英勇善战，屡立战功。1940年5月，在鲁西南一个叫肖渠的地方，日军兵分两路进攻根据地，战斗非常激烈，时任新三旅八团一营一连指导员的郭瑞祥，带领一个排迂回到日军后方进行突袭。他命令战士架起机枪向日军扫射，留守的日军连死带逃，我军乘胜追击，缴获了十几匹日本战马、一批骑兵步枪和一挺歪把子机枪，沉重打击了日军的嚣张气焰。

解放战争时期，郭瑞祥担任冀鲁豫五分区东明县独立营教导员。东明县独立营原本是个地方武装，有一些陋习。身为政治干部的郭瑞祥反复给他们做思想工作，耐心讲解我军的宗旨和党的纪律，讲军队组织纪律的重要性。同时，他狠抓部队党组织的领导力、组织力和执行力，牢牢掌控住队伍，确保部队始终听党话、跟党走，出色地完成部队整编任务。同年，郭瑞祥所在部队在歼灭一股顽敌时，由于消息泄露，被增援的敌军包围。战斗从拂晓打到天黑，战士们滴水未进，士气有些低落。关键时刻，郭瑞祥组织党员干部和积极分子成立突击组，他一手持驳壳枪，一手紧握马刀，身先士卒冲了上去，带领战友一鼓作气击溃敌军。

渡江战役后，郭瑞祥所在的二野五兵团西进贵州，开展剿匪战斗。1950年初，他负责对起义部队进行教育，他用理论引导，用行动身教，用党的方针政策，在随时可能发生反叛暴动的情况下，成功地改编了起义部队，转变了官兵的思想，提高了队伍的战斗力，壮大了党的武装力量。

1979年，郭瑞祥从贵州省都匀军分区副政治委员岗位离休。走进郭瑞祥的家，最醒目的就是客厅的大书柜，里面装满了《习近平谈治国理政》等理论书籍。"父亲认为只有坚持学习党的创新理论，才能始终紧跟时代不掉队。"女儿郭惠丽说，父亲对国家大事非常关心。只要身体允许，每天都会读书看报。

离休多年，郭瑞祥始终保持着艰苦朴素的作风，衣服破了，都是自己缝补。"我们小时候背的书包，就是父亲用旧军雨衣做的。"郭惠丽回忆，父亲有一件穿了10多年的羊毛衫，袖子破了也舍不得丢掉，剪掉袖子后改成背心继续穿。"父亲的一言一行，我们耳濡目染。"

郭惠丽说，家中 6 个兄妹有 5 个当过兵，转业复员到地方后都是普通的工作人员。

平凡中的伟大

一个人从翩翩少年成为党员，无论多么困难，多么危险，永葆初心不染"尘埃"，坚决跟党走，直到耄耋之年。闲暇时，郭瑞祥会把获得的奖章、勋章拿出来擦拭。"我要时刻擦拭共产党员的'初心'，不让它沾染一丝'尘埃'。"郭瑞祥还说，"永远不给党和国家添麻烦，努力学习，艰苦奋斗，没有共产党员克服不了的困难。"郭瑞祥给儿孙们立下一条家训：永远不给党和国家添麻烦。

黄大发：
在绝壁上开凿生命渠的"当代愚公"

在贵州省遵义市播州区平正仡佬族乡团结村草王坝，有这样一位老支书：他带领全村群众，历经 36 年，在悬崖绝壁上开凿"生命渠"，为缺水的小山村引来水源，为父老乡亲谋幸福。他就是一心为民、永不放弃的"当代愚公"——黄大发。

想吃米饭，先要有水

吃米饭，对大多数中国人来说，是一件极其平常的事情。尤其是南方地区，一日三餐，喝米粥，吃米饭，就是日常的生活。可是，30多年前，对居住在贵州省遵义市播州区平正仡佬族乡团结村草王坝的村民们来说，能够吃上米饭，那是不敢想的。为什么会这样？因为草王坝海拔高度1250米，山高岩陡，又处于喀斯特地貌地区，严重缺水，村里几百号人只靠一口出水不多的老井生活。没有水，当然就种不了水稻，哪有米饭吃呢。村民们只能在地里种一些耐旱的苞米，勉强糊口。

黄大发就生长在这样一个贫穷落后的村庄。他是个苦命人，自幼父母双亡，是一个孤儿，好在乡亲们帮衬，才没有饿死。可以说，黄大发是吃百家饭，穿千家衣长大的。中华人民共和国成立后，在党和政府的关怀下，黄大发才安顿下来。因此，黄大发心里充满了感恩，他感恩党和政府，感恩父老乡亲；他在心中立下誓言，一定要忠于党和国家，回馈亲爱的乡亲们。

1958年，黄大发被推选为草王坝生产大队大队长。1959年，黄大发光荣加入中国共产党。

当上大队长的黄大发开始琢磨怎样改变草王坝贫穷的面貌，他有一个大胆的想法——修渠引水。有水了，就

能种上产量较高的水稻，就能让全村人吃饱饭。他郑重其事地向乡亲们承诺："一定要想方设法通上水，让大家吃上米饭。"因为这句承诺，他一干就是36年。

开山修渠，功亏一篑

引水就要找水。草王坝海拔高，想要引水，必须找到比草王坝海拔更高的水源。黄大发在草王坝周边的几座大山转了一圈又一圈，终于在太阳山和太阴山后面的一座大山找到一处名叫螺蛳洞的岩洞。岩洞里有水，而且水位比草王坝村要高出很多。他决定把螺蛳洞的水引到草王坝。

可当乡亲们听说后，都觉得不可思议，竟然要隔着三座大山引水到村子里，这不是开玩笑吧！黄大发召开了社员大会，希望得到大家的支持。在一片"不可能"的议论声中，几位党员站了起来。他们对黄大发说："我们干！"在党员们的带领下，社员们被动员了起来，怀着对美好生活的向往，大家都决定跟着黄大发，修渠引水，一起干！

1963年，黄大发带领大家，根据勘查的地形设计了一个草图，规划绕太阳山和太阴山的半山腰修建水渠，引导螺蛳洞的水直达草王坝村。

他们先在螺蛳洞口筑了一个蓄水池。蓄水池修好后，随着一声炮响，螺蛳洞口被炸开，湍急的山水顺势而下，直冲蓄水池。大家看到清澈的水流，都非常激动，他们终于看到了希望，他们想，只要把渠开好了，水肯定能流到村里。

话说起来容易，事干起来难。按照设计，水渠要绕三重大山、过三道绝壁、穿三道险崖。他们没有先进的技术和装备，黄大发只能带领大家用最原始的方法开山凿壁。他们没有水泥，只能用石灰和泥巴建筑渠道和堤坝。干了没多久，他们又遇到暴雨，山洪将石渠冲得七零八落。那一次，黄大发坐在被毁的石渠上，整整一夜没有入眠。第二天，黄大发擦干眼泪，大声说："重来！"看到他的决心，大家的心又一下子被凝聚了起来。

在凿渠途中，有一个叫"擦耳岩"的大石壁——这是一个陡立成 90 度，有的地方甚至还凹进去的悬崖，人走过去必须身子向内倾斜，耳朵擦着山岩，否则脚下一晃，人就栽进万丈深渊了。黄大发身先士卒，带领村民，用绳子绑在腰上，从高崖下到半山腰，拿锤子和钎子一下一下地凿，先凿出一个可以站脚的平台，再用长方形的石头砌成沟渠。

水渠要翻越一座山峰，没有办法，只好修一条长 116米的隧道，技术难度很大。黄大发点子多，他用农村最土的方法，竖起竹竿测量，人眼两边"校瞄"。洞口越打越深的时候，黄大发用耳朵贴着岩壁听，指挥群众往声音一致的方向打，耳朵都磨起了老茧。最终，隧道打通了。

在黄大发的带领下，他们年复一年，日复一日，开凿峭壁，打通隧道，整整干了13年。13年啊，小伙子变成了中年人，小孩子也长成壮劳力了。一条石渠穿破崇山峻岭，终于抵达草王坝。

通水仪式那天，锣鼓喧天，酒菜备好。大家在渠边翘首以盼，可是直到菜都凉了，水还没有来。

原来，由于设计不科学，水渠的落差不够大，导致水流过小，再加上用石灰和黄泥抹缝本来就不严密，许多水在途中就渗漏到石头缝里了，所以水很难流过来。

功亏一篑，花费无数人力和13年时光的引水计划，失败了。

这对黄大发的打击太大了。他自责、愧疚，把自己关在屋子里好几天也不见人。

大家却都很理解黄大发，没有一个人去指责他。大家坐在一起，经过细致的分析后发现，想要修好水渠，光靠干劲是不行的，技术和资金的支持必不可少。修渠的路还很长很长。

不改初心，重新修渠

失败算不了什么。关键是要明白自己在哪儿跌倒了，跌倒之后怎样才能爬起来。黄大发并没有沉沦多久。

没有技术就请专家，没有经费就跑申请。从 20 世纪 80 年代初开始，黄大发就不停地往乡里和县里跑，一次又一次，他都不知道自己跑了多少趟。但那时，正值改革开放初期，人才比较匮乏，县里的资金也不多，顾不上草王坝的水渠。

黄大发并不气馁，请不来专家，咱自己学呗。1989 年，他听说县上要办水利技术学习班。他立刻报了名。那年，他已经 54 岁了。一个两鬓斑白的小老头就这样坐到课堂上，成了水利班上最勤奋的学生。

1992 年，在多方努力下，草王坝水利工程得以批复。县、乡政府从非常拮据的财政里划拨了 6 万元资金和 38 万斤玉米用于螺蛳洞引水工程，县水利局也予以专家支持。但按照当时的政策，村民要自己修筑，还要自筹部分资金。算下来，全村得再凑 1.3 万元。在黄大发的带领下，草王坝的家家户户都行动起来，你家 10 元我家 20 元，终于凑齐了钱。这 1 万多元特别重，因为这钱是整个村子的希望。

1992 年春天，水渠又重新动工。黄大发既是指挥长，又是技术员，他带领着 300 多名村民苦干苦战，用锄头、钢钎、铁锤和双手硬生生在大山上开凿水渠。需要炸药，他光脚步行 30 多千米去炸药厂背炸药。需要雷管，他去市里买，每天靠两个馒头充饥，辗转 10 余天，扛着 2000

枚雷管徒步回家。

在县水利局技术人员的指导下，在上一次水渠的基础上，这一次修渠顺利得多。

1995 年，一条主渠长 7200 米，支渠长 2200 米，地跨 3 个村 10 余个村民组，绕过三重大山，穿过三道绝壁和三道险崖的"天渠"终于修建成了。

草王坝从此告别了"滴水贵如油"的历史。当清澈的渠水流入村里的那一刻，村民们把渠水捧在手中，大家看到的仿佛不是水，而是希望。

那天，黄大发偷偷地躲在角落里哭得像一个孩子，他终于兑现了自己的承诺。这一年，黄大发整整 60 岁了。这条水渠被村民们亲切地称为"大发渠"，而黄大发，也被称为"当代愚公"。

拔掉穷根，实现小康

水来了，好生活也就来了。黄大发一鼓作气，带着村民们对村里的土地进行改造，改造出 400 多亩梯田。那一年，水稻产量成倍增长，大家都吃上了白米饭。

水渠修通了，大家热情高涨。在黄大发的带领下，村民们又修通了 4 千米的通村公路，接着又积极凑钱把电线拉进了深山的村庄，他们还为孩子们修了一所学校。

106

阻碍草王坝生存与发展的壁垒被一一破除了。

在党和政府的帮助下，草王坝的村民尝试种起中药材与精品水果；大家学习养殖肉牛、生态猪和蜜蜂。如今的草王坝，两层小别墅遍地起，轿车开进了农家院。在大发渠另一边，仁遵高速公路的主要控制性工程——大发渠特大桥在阳光的照耀下如彩虹一般熠熠生辉，气势磅礴。草王坝的致富路子将越来越宽。

黄大发改变全村命运的愿望终于实现了。他终于带领大家拔掉了穷根，草王坝的村民们全面实现小康，在勤劳致富的道路上继续驰骋着。

107

平凡中的伟大

黄大发自力更生带领村民修渠引水。他用一生的实际行动践行着共产党人的初心。他艰苦奋斗的精神，也正是新时期的愚公精神。

黄文秀：
用生命谱写新时代的青春之歌

在群众脱贫攻坚事业中，她是一位值得人们学习敬佩的榜样；她用双脚丈量土地，走访了千家万户，在脱贫攻坚的第一线不断奋斗着；可就在一个黎明的前夜，在那个凌晨，因惦记防汛工作和群众安危，她连夜赶回驻村的途中，突遇山洪，壮烈牺牲；她才 30 岁，她把自己年轻的生命永远定格在扶贫的道路上。她就是用生命谱写青春之歌的广西乐业县百坭村第一书记——黄文秀。

初心：将希望带回去

黄文秀的家在广西壮族自治区百色市田阳县郊区。其实，她的老家原来在大山深处，那里土地贫瘠、交通困难、生活艰辛。在当地党和政府的帮助下，20世纪90年代，她的父亲黄忠杰带着全家搬出了大山，来到了田阳县，并获得了耕地。

黄文秀的父亲是一名勤劳朴实的农民，在党和政府的帮助下，在父亲的努力下，家里虽然还比较贫寒，但生活比在大山里好多了，而且越来越好。因此，父亲经常教育她要记得这份恩情，并在自己有能力时涌泉相报。回馈社会的种子自此在黄文秀心中扎下了根。

2008年，黄文秀考入山西省长治学院读思想政治教育专业。大学里她积极向党组织靠拢，就在军训的第一天，她就将入党申请书交到了辅导员老师的手中，入党申请书中，她写道："一个人要活得有意义，生存得有价值，就不能光为自己而活，要用自己的力量为国家、为民族、为社会做出贡献。"2011年6月，黄文秀光荣加入中国共产党。

黄文秀学习刻苦，她的成绩总是位于班级前列。在校园里，同学们经常看到黄文秀拿着一个水杯，背着沉重的装满各种资料的书包，走在前往图书馆和教室的路上。

宝剑锋从磨砺出，梅花香自苦寒来。2012年，经过不断努力，黄文秀考取了北京师范大学硕士研究生，前途一片光明。

2016年，黄文秀硕士研究生毕业。她放弃了留在北京的机会，毅然回到了自己的家乡。她深知自己的家乡还比较贫困，教育落后，人才缺失，她对身边的朋友说："我是从广西的贫困山区出来的，我想回去建设家乡，把希望带给更多的父老乡亲。"

扶贫：心中的"长征路"

起初，黄文秀被分配到百色市委宣传部，这本是旁人眼中的安稳工作，可她接下来的选择又让许多人惊讶。2018年，党中央决策部署决战脱贫攻坚。黄文秀毫不犹豫，主动请缨，到贫困偏远的百色市乐业县新化镇百坭村担任驻村第一书记。当许多人从大山中走出来，选择到大城市生活时，黄文秀却成了一位"逆行者"，选择为振兴乡村而奋斗。她说："很多人从农村走出去就不想再回来了，但总是要有人回来的，我就是要回来的人。"

2018年3月，黄文秀刚上任时，百坭村山路崎岖，交通不便，产业发展滞后，村集体经济几乎"空壳"，贫困率达到22.88%。而且，贫困户又分散在11个自然屯，

多数离村委会都在 10 千米以上。驻村书记的首要任务是为每个贫困户建档立卡，这对于黄文秀来说任务艰巨。要在短时间内了解各个贫困户的情况可以说是非常困难。她用了最"土"的方法，挨家挨户登门走访。

工作一开始，黄文秀的热情就被泼了冷水。村民们并不信任她，以为这位年轻漂亮的小姑娘下基层只是走过场，没两天受不了苦就要离开。"跟你说了也没有用，和你一个小年轻讲了也解决不了问题。"这是村民们对她讲得最多的话。但黄文秀并不气馁，她来到村里的老支书梁建念家中，虚心求教如何做群众工作。

"你要深入群众，和他们一起聊天、一起劳动，真心实意帮他们解决问题，人心都是肉长的，时间久了，大家自然也就慢慢地了解你、接受你。"梁建念说。

后来黄文秀学会了当地的方言，主动下地帮忙干活，村民们都慢慢地接纳并喜欢上她。驻村仅仅两个月，黄文秀就走遍了全村 195 户贫困户，绘制了百坭村"民情地图"。

黄文秀深知群众要脱贫，增收是硬道理。到村里开展工作后，她带领村"两委"一班人通过外出考察学习、请技术专家到现场指导、挨家挨户宣传发动、党员带头示范种植等方式，带动了村集体经济取得了快速的发展。仅仅一年时间，百坭村种植杉木从原来的 8000 余亩发展到 2 万余亩，砂糖橘从 1000 余亩发展到 2000 余亩，八角从 600 余亩发展到 1800 余亩，另外种植优质枇杷 500 余亩。种植产业已经成为百坭村的支柱产业和群众脱贫致富的主要来源。

要致富，先修路。百坭村路况太过恶劣，黄文秀就向上级请示，对百坭村的道路进行硬化。项目虽然批下来了，但工程量大，工期时间长，无法在果子成熟前完成。她就组织村民对破损的路面进行修整，先确保卡车能开进来，能把果子运出去。

解决了产业和运输问题，黄文秀又带着全村群众发展电商，开辟销售渠道。为了整治村里的环境，她协调给每个屯做了垃圾池。为了让村里的孩子了解外面的世界，她联系母校志愿者来村里和孩子们一起活动，并帮贫困

113

户的孩子申请助学贷款，制定了"雨露计划"……

2018 年，百坭村实现 88 户 418 人脱贫，完成屯内 1.5 千米道路硬化，新建 4 个蓄水池，安装 17 盏路灯，22 千米的水泥路将 11 个自然屯连在一起，集体经济增收 6 万多元。2018 年，百坭村荣获百色市"乡村文明"红旗村荣誉称号。

追忆：她的身影，永留山乡

2019 年 3 月 26 日，黄文秀在百坭村工作满一年，那天，她的汽车仪表盘的里程数刚好增加了两万五千千米，她只是简单地发了一个朋友圈："我心中的长征，驻村一周年愉快。"

2019 年 6 月 16 日晚，黄文秀看望手术后的父亲后，要立即驾车返回村里，父亲黄忠杰不放心："天气预报说有暴雨，现在不安全，还是明天再回吧？""正是由于暴雨，怕村里受灾，我更要回去。"黄文秀说。

夜幕中，回村路上山洪突然袭来，"我不知道该怎么办了？我被洪水堵住了，两头都走不了，雨越下越大，请为我祈祷吧……"黄文秀在看到一辆卡车被冲走后，向哥哥发了条求救微信。孤立无援之际，两位警察同志开车路过，黄文秀向他们求助。其中一位警察决定帮她把车子开过洪水路段，而她则坐上警车和另一位警察同行。可前面这位警察把汽车行驶到安全路段时，却发现后面的车子没有跟上来……第二天洪水退去，搜救队开始了紧急救援，大家都希望能有奇迹出现，可希望却落空了。在凌云县下游河段，人们发现了已经牺牲的黄文秀，她的一生定格在芳华绽放的 30 岁。

2020 年底，百坭村所有贫困户都摆脱了贫困。黄文秀长久以来的愿望实现了。她生前还有一个愿望，就是希望孩子们能在家门口接受优质的学前教育，百坭村能拥有自己的公办幼儿园。2021 年 9 月，幼儿园正式开园，115 名孩子顺利进入到村门口的幼儿园学习，而这所幼儿园的名字就叫做"文秀希望幼儿园"。

平凡中的伟大

理想因其远大而为理想，信念因其执着而为信念。黄文秀曾说："只有扎根泥土，才能懂得人民。"她，燃烧了青春，把爱和希望种在了无数人的心中，勇于担当，甘于奉献，谱写了新时代的青春之歌。2021年，黄文秀被追授"七一勋章"。

黄宝妹：
一个人织成了行业史诗

　　一个普通的纺织女工，在原本琐碎的工作上织出天锦般的艳丽前景，从平淡的事业中谱写动人的不朽传奇，成为一代人的深刻记忆，铸起一个行业的仰视高度，进而成为一座城市的风景。她就是上海市杨浦区纺织工人黄宝妹，她终身从事纺织业，将纺织事业当作为人民服务的主阵地，当作敬业乐群精神传递的万花筒。

　　13 岁的年纪，放在今天的社会，正是一边在父母的荫庇下撒着娇、一边追求着自己梦想的年纪，而 1944 年，13 岁的黄宝妹已经进入了上海日资裕丰纱厂，成为一名境遇凄惨的童工。

从地狱到天堂

　　夏衍的报告文学《包身工》里，有一个绰号叫"芦柴棒"的小姑娘，想必读过的人一定了解她和她的那些工友所经历的非人待遇。你可能以为那是文学，但对黄宝妹而言，那便是生活。而且她在纱厂的生活，与文章中的描写相比，有过之而无不及。那可谓是真正的人间地狱！那时，她对那翻卷着白花的机器充满诅咒。

可黄宝妹没有想到，从地狱到天堂竟然那么快。

1949 年 5 月 27 日，黄宝妹和一群女工在厂里听到了一个消息："解放军进城了！"人群炸开了，大伙儿全不约而同跑向外面去确证消息了。"马路上都是解放军！"这是黄宝妹跑出去看到的情形。

几天之后，厂子里又有了新消息——原来的日资厂被收归国有，成了上海国棉第十七厂。工人们也一下子成了厂子的主人了，不再是被剥削被奴役的女工了。

"既然同是为人民服务，我就拼命干吧！"这是黄宝妹当时的想法。宝妹这一干，便是一辈子！

从女工到劳模

在当时的挡车女工黄宝妹看来，想要进步需要克服两个困难，一个是识字，一个是白花（即皮辊花，指纺织中对粗纱进而细纺时，会出现的纱线断头卷绕在皮辊或绒辊上的白色棉纤维，它的多少一度成为工人们纺织技术高低的衡量标准）。

先说识字。童工出身的黄宝妹没有上过一天学，大字不识一个。中华人民共和国的成立，让她有了学习的机会。从夜校开始，她将所有的业余时间都拿来学习认字。凭着自己的要强与悟性，通过长期的勤学苦练，黄宝妹不仅学

会了识字, 还不断跳级, 进了华东纺织工学院(现东华大学)的"干部培训班", 最后居然考取了大学, 拿到了大学毕业证书。

再来说白花。早在旧社会, 黄宝妹就以"挡车400锭"成为同行中的翘楚。而新中国的朝气, 让她更加铆足劲想要奉献更多的能量来为人民服务。然而, 由于挡车技术的限制, 女工们对白花多半只能望洋兴叹。

偏偏黄宝妹就不信这个邪。她反复尝试, 没日没夜地醉心于压花畅线的技术提升。终于, 无数个日夜的钻研后她给出了一个可喜的绩效——将23个锭子的出花率控制在0.3%之内!

120

这还不够, 紧接着黄宝妹发明了一套"单线巡回、双面照顾、不走回头路"的操作法, 将最多400锭的看顾范围硬是扩展到了800锭, 将车间的人力缩减到了原来的三分之二, 大大提高了生产线的效率。接着, 她再接再厉, 又首创了"逐锭检修"法, 这种方法可以随时调整机械状态, 流水控制。后来, 她与同事又合作调试成功了"红芯子"(集合器), 可以最大限度地减少牵伸部分的棉线, 减少飞花, 让白花成为纺织过程中的点缀!

不断地努力, 丰硕的成果, 让黄宝妹成了工人中的名人。1953年, 黄宝妹被推选为第一批全国纺织工业的劳模, 名声大噪。

从楷模到普通工人

名声大噪之后的日子，让黄宝妹有点无所适从。

当时，为了使全国人民了解全国劳模们的事迹，文化部委托谢晋导演来到国棉十七厂，以黄宝妹本人为主演，拍电影。影片在国庆 10 周年献礼放映时获得了全国上下一致好评。黄宝妹的名声更高了。

1957 年，黄宝妹被任命为厂工会副主席。坐在敞亮而大气的办公室里，黄宝妹却如坐针毡，不知所措。有好几天，她就呆立窗口看厂子里的工友来来去去。最后，她实在熬不下去了，终于下定决心去厂长那里请辞。她说："我有技术，在办公室里就浪费掉了，还是让我回车间，当一名技术工人吧！"

从此以后，一直到 1986 年退休，黄宝妹一直在车间工作，42 年中，用她娴熟的技术，指导着一批又一批年轻人，改进着纺织工艺。

大多数大妈们退休后都带着孙子孙女遛弯去了，可黄宝妹这位昔日的劳模却将"最美不过夕阳红"演绎得那是一个淋漓尽致！

退休后，新疆生产建设兵团慕名邀请黄宝妹到石河子市协助筹建棉纺厂。她多次出入新疆，从厂房设计到设备购买、从人员挑选到技术培训，兢兢业业，亲力亲为。有人问："你既不占股又不领工资，那么辛苦干吗？退休了享享清福算了。"黄宝妹却说："党员是不退休的，如果我们党员都能奋斗终身，国家能不繁荣富强吗？"

1994 年，黄宝妹看到一些退休早的劳模生活状况不好，家庭负担重，于是在市劳模协会的帮助下，黄宝妹牵头，组织 20 多位离退休劳模集资成立了上海英豪科技实业公司，并亲自担任董事长、总经理。公司成立之初大家就约定，企业不分红，把利润拿出来帮助有困难的老劳模。他们说到了，也做到了。大家都亲切地称这家公司为"劳模公司"。

如今，年逾九旬的黄宝妹过着平淡幸福的生活，一张四代同堂的全家福照片挂在客厅墙上，其乐融融。

荣获"七一勋章"后，黄宝妹感到既高兴又惭愧："其实我很平凡，做的事情也很平常，这一荣誉是大家的，离不开党的教育，离不开对为人民服务宗旨的践行，离不开组织的关爱。"

平凡中的伟大

因为感恩，她将为人民服务作为自己的人生信守；因为知足，她可以忽略掉所有的身外之利。

黄宝妹用一生忠实地诠释了共产党员的真正内涵。

123

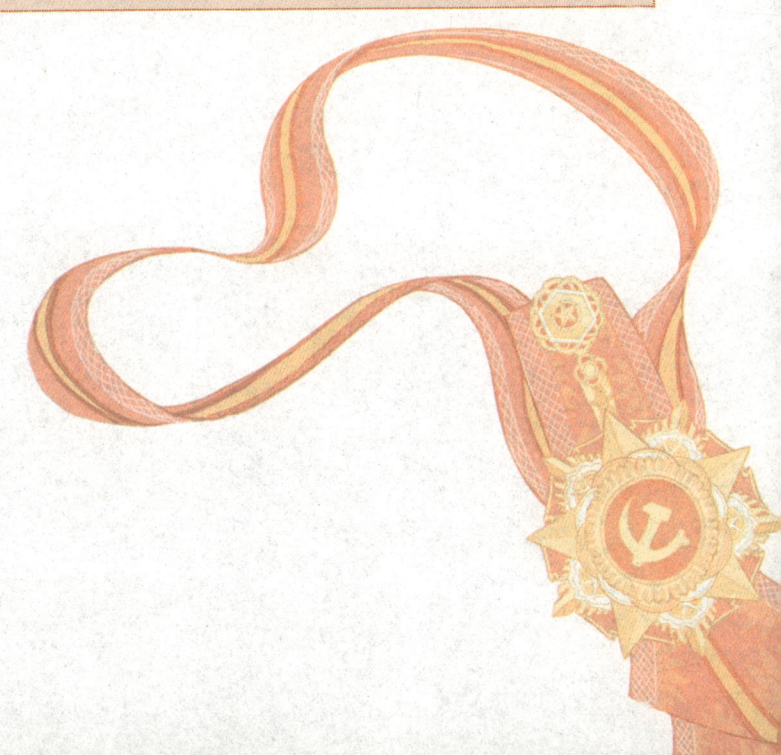

崔道植：
警界痕迹鉴定的"定海神针"

　　他是全国著名痕迹检验专家。他先后参与办理了 1200 余起重特大案例，鉴定的痕迹物证超过 7000 件，无一错案；他研发的现场痕迹物证图像处理、枪弹痕迹自动识别系统，填补国内多项技术空白；他被誉为中国公安刑侦战线的"瑰宝"、中国"刑警之魂"、痕迹鉴定的"定海神针"。他就是"七一勋章"获得者，新时代公安干部的楷模——崔道植。

火眼金睛，破获重案

1996 年 3 月至 12 月，北京、河北连续发生 7 起袭击武警、驻军哨兵、抢劫武器弹药、持枪抢劫杀人案。1997 年 7 月至 8 月间，新疆接连发生 3 起持枪抢劫巨额现金案。案件轰动全国，人们惶恐不安。

公安部成立了专案组全力侦破。可这些案发现场除了一些残留的弹头和弹壳，别无线索。案件谜团笼罩。北京和新疆相距 3000 多千米，两案是否有关联？也没人说得清。

因为案发现场留有步枪弹壳，案件侦破重点定为"以弹定枪，按枪找人"。当时，北京方面的专家认定北京案发现场遗留的弹壳弹头是"八一自动步枪"打出的；而新疆方面的专家认为，新疆案发现场的弹壳弹头是"五六式半自动步枪"射出的。意见不统一就不能决定是否并案侦查。公安部刑侦局从黑龙江紧急调派了已经退休的崔道植。

崔道植经过两天三夜的反复研究、比对，得出结论："两个案发现场遗留的弹壳某个细微处，都是经过'八一式'自动步枪射出来的细小横线，由此可以认定北京、新疆两地的涉案枪支是同一支'八一式'自动步枪。"结论一出，专案组迅速转变侦破方向，并案深挖，一周之内就将夺枪 3 支、杀死 15 人、抢劫上百万元的犯罪分子白宝山抓获，重案告破。崔道植立下大功。

这只是崔道植参与的一起大案要案。看痕知枪，观弹识人——在中华人民共和国公安刑侦事业中，练就一双"火眼金睛"的崔道植就是一个传奇。在 60 余年的刑侦生涯中，他参与办理的 1200 余起重特大案件疑难痕迹检验鉴定，无一差错。

童年坎坷，不忘党恩

1934 年，崔道植出生于吉林省梅河口一个贫困的朝鲜族家庭。4 岁时，父亲去世，6 岁时，母亲失踪，幼年崔道植成了孤儿，和爷爷、姐姐相依为命。在东北沦陷时期，崔道植时常饥肠辘辘，过着没有尊严的生活。在他的记忆里，共产党来了，祖孙三人才有饭吃；共产党来了，他才有书读。中华人民共和国成立后，依靠政府的助学金，崔道植才读完了初中，也不再挨饿，崔道植深深记得共产党的好。

1951 年，17 岁的崔道植怀揣赤子之心，参军报国，登上了前往抗美援朝前线的列车。1952 年，崔道植火线入党。五年军旅生涯他多次立功、获奖。1955 年，崔道植所在部队集体转业，他成为一名刑事技术警察，开始

与公安刑事技术工作结缘。后来，组织又安排他去公安
部第一人民警察干部学校（现中国刑事警察学院）学习，
他又成为新中国首批痕检专业的学生。于是，在这个岗
位上，崔道植工作了60多年。

苦练技术，成就传奇

从警之后，凭着共产党员的勤奋与担当，崔道植苦心
磨炼着自己的刑侦技术。他先后考取了哈尔滨业余职工
大学、哈尔滨医科大学，如饥似渴地学习刑事科学技术
和相关的知识。

1975年，崔道植与其他四个省份的同行一起承担了
公安部"人手各部位长宽度与身高、年龄、体态的关系"
的科研课题。经过四年不懈的努力，课题组共搜集了
12500人的125000份指纹卡。崔道植运用数理统计学进
行了系统的统计分析，首次测得了国人手掌各部位的正
常值和其与人体身长、年龄、体态的关系，为利用现场
手印分析犯罪分子生理特点提供了新的依据。

1981年以来，崔道植围绕枪弹痕迹检验先后撰写了
《根据7.62mm手枪射击弹壳痕迹判断射击枪种的探讨》
《64式手枪指示杆痕与59式手枪抛壳挺痕位移的研究》
等论文。同时，崔道植还开创了指甲同一认定、牙痕同

一认定并侦破疑难案件的先河。

1996 年，崔道植完成了"痕迹图像处理系统"课题任务。这项成果将数字图像处理系统开发应用于现场拍照和痕迹检验工作中，起到了开创性的引导作用。

2001 年，经过 5 年多的苦心研究，崔道植发明了一种用特制铝箔胶片提取弹头膛线痕迹的技术，并获得发明专利证书；同时，他还设计制造了一种弹痕展平装置。基于这两项技术，他又和同事开发"弹头膛线痕迹自动识别系统"。该系统具有独创性，技术水平高，容易操作，总体技术达到国际先进水平。

崔道植的这些技术发明，应用到了甘肃白银案、张君特大系列抢劫杀人案、白宝山袭军袭警案件等案件的侦破中，发挥了极其重大的作用。

129

几十年来，崔道植就是这样不懈奋斗着，钻研着，实践着，他鉴定痕迹证物超7000件，平均3天鉴定一件罪案痕迹，无一错案，成为业内津津乐道的不朽传奇。1999年崔道植被公安部聘为首批特邀刑侦专家，2006年崔道植荣获全国公安科技突出贡献奖。如今，已经近90岁的崔道植是全国著名痕迹检验专家，被誉为中国公安刑侦战线的"瑰宝"、中国"刑警之魂"。

老骥伏枥，屡破奇案

如今，崔道植已经退休多年，但他从未懈怠。他一边努力培养新人，一边不停地帮助公安部门检验痕迹，破获奇案。

2007年，黑龙江省公安厅复核一起5年前牡丹江市李某母子二人被杀案件。案发在2002年，案件久侦不破的关键在于，案发现场只残留了一枚不完整的血指印。这半个血指印，经过多家权威鉴定机关检验，均得出"指印特征少，不具备认定条件"的结论。崔道植利用"痕迹图像处理系统"，反复匹配那半个血指印，他连续工作了两天两夜，比对了42个指纹，发现其中有一个叫崔某的人的左拇指印无论是在种类、个别特征的数量，还是在位置、相互关系上均符合。为了不冤枉任何一个人，崔道植又亲自来到了牡丹江重新捺印崔某的指纹，再次认真对比，确认了。半个指纹，真凶崔某在隐藏 5 年后终于被崔道植抓住马脚。

2013 年，福建省厦门市集美区某立交桥下发生枪杀案，尸体里遗留一枚弹头。就这么一枚弹头、一具尸体，遗留物证非常少。不久，嫌疑人被抓获，作案的枪也被收缴了，还发现了卡在枪里的弹壳，可因为枪管老化严重，无法认定现场弹头和缴获枪支、弹壳的关系，凶手又始终拒不交代自己的罪行，很难给凶手定罪。厦门公安找上崔道植，崔道植二话不说，当即把枪支、弹壳和现场弹头拿到实验室，利用自己发明的膛线展平器，以充足的证据做出结论，认定这枚弹头就是那把枪发射的。面对铁证，犯罪嫌疑人只好认罪。

不光是刑事案件，对民事纠纷崔道植也是拿捏自如。2003 年的一天，崔道植接待了一位叫朱平福的农民。原来，1998 年时，朱平福从一个叫杨成福的人手中以 1 万元的总价承包了 200 多亩地。当时手头没钱就给杨成福写了一张 1 万元的欠条。后来，朱平福凑足 1 万元钱给了杨成福，也拿到了杨成福的收据，但他忘记把欠条收回来了。后来，杨成福拿着欠条告到法院，说朱平福欠钱未还。而朱平福手上的收据因为保管不良，模糊了，无法证明自己已经付清 1 万元。百般无奈之下，朱平福找到崔道植求助。崔道植坐在显微镜旁，对收据上的签字反复比对和验证，并用图像处理软件等技术重合调整，最终出具了鉴定报告，证明了朱平福的清白，妥善地处理了一件民事纠纷。

平凡中的伟大

崔道植从来都认为，自己是一位普通的从事刑侦六十余载的刑侦警察。他明察秋毫，抽丝剥茧，不放过任何一个细节，他用自己的认真成就了一段传奇，也用自己的细致守护了人民的安全。他虽然已到耄耋之年，但仍然在为党和国家，为人民努力工作。他实实在在地做到了"只要组织需要，我有召必回、随召随到"。

蓝天野：
把一生献给人民的文艺事业

他是话剧《茶馆》中的秦二爷、《北京人》中的曾文清、《蔡文姬》中的董祀，电视剧《渴望》中慈祥的父亲、《封神榜》中道骨仙风的姜子牙，他是艺术大师，是演艺界的"泰山北斗"。他还曾是一名地下党员，为党的事业出生入死。他就是北京人民艺术剧院的演员、"七一勋章"获得者蓝天野。

曾经的地下党员

蓝天野是个艺名，早在中华人民共和国成立前，他叫王润森。

蓝天野入行当演员，是阴差阳错的。"我演戏是极偶然的，最早学的其实是画画。"蓝天野说。

当时的蓝天野，正在国立北平艺专学习国画，这所学校大师云集，由徐悲鸿担任校长，蓝天野在这里受到极好的艺术熏陶。蓝天野的姐姐是一名地下党员。蓝天野每次从学校回到家后，便跟在姐姐旁边，看她工作，听她讲述一些进步思想观念，时间一长，在姐姐的耳濡目染下，蓝天野的爱国心被彻底激发了出来，他自告奋勇，请求加入中国共产党，和姐姐一样，为党和老百姓做些事情。

1945 年 9 月 23 日，18 岁的蓝天野正式加入中国共产党，成为一名年轻的党员。入党后，蓝天野马上就开始了革命工作。一开始，他负责各种宣传资料的印发，为了能够按时完成任务，经常是熬夜赶工。遇到突发紧急事件时，蓝天野更是顾不上吃饭和睡觉，通宵达旦地工作，非常努力。熟悉了工作流程后，组织又委派他担任地下交通员，专门负责传送情报文件和运输物资。

那时候可以用的交通工具只有一辆破旧的自行车，需要蓝天野从北京城的东边一直骑到大西边，总路程超过了 50 千米。于是他早上出发，夜里才能赶回来，风雨无阻。这样既累人又危险的工作在那时的蓝天野看来，一点儿也不觉得苦。

后来，为了更好地宣传革命工作，共产党地下组织特地成立了北平剧联党支部，蓝天野成为骨干人员。因为外形条件好，应组织的要求，蓝天野彻底放弃了美术专业，转而从事戏剧表演，为革命做宣传工作。也是从那时，蓝天野迈开了走向表演世界的步伐。

1948 年，国民党反动派对学生的剧团进行了严密监视，为了保证大家的安全，组织决定让大批党员撤回解放区。又为了保证北京的地下工作不被泄密，应组织要求，王润森改名为蓝天野。

优秀的表演艺术家

1952 年，北京人民艺术剧院正式成立。这一年，蓝天野刚刚 25 岁，风华正茂，他也正式进入北京人民艺术剧院工作，成为北京人民艺术剧院建院后的第一批主要演员。

北京人艺建院后，很长时间没有排戏，反而让全院演员分成四个大组，下去体验生活。体验生活，后来也成为北京人艺的传统。蓝天野就是在这样的体验生活中成长起来的。

去郊区演出，蓝天野晚上演戏，白天就去帮老乡收麦子。剧院演出不忙时，他主动申请到远郊区县做农活、喂牲口。蓝天野曾到北京琉璃河水泥厂体验工人生活。当烧制水泥的转炉出现故障时，他与工人师傅一起身穿石棉服，裹着湿透的棉被，冒着高温进入炉内，用钢钎击打水泥"结圈"。

在筹备老舍先生的力作——话剧《茶馆》时，蓝天野走遍了北京城的大小茶馆，深入观察茶馆里的"老北京"们、说书人和店伙计的一举一动。为了让"秦二爷"这一角色立得住，蓝天野就想尽办法接触各种企业家，通过不断地观察、领悟，反复地酝酿、排练，逐渐"触摸"到这个角色。1958 年，《茶馆》首演，获得了空前的成功。

"秦二爷"一亮相也震惊全场。

从此就一发不可收拾了。《蔡文姬》《王昭君》《北京人》，再到《钦差大臣》《罗密欧与朱丽叶》《小市民》……一个个掷地有声的作品与全国人民见面，一个个性鲜明饱满的形象被蓝天野立了起来。他表演的角色，举手投足之间充满了烟火气儿。观众也认识和喜爱上了从骨子里透出儒雅与雍容的蓝天野。

蓝天野就这样一演，就演了30多年。他30年如一日地坚守舞台，为人民文艺事业发光发热。1987年，蓝天野从人艺正式离休。

离休之后蓝天野可没闲着。他从话剧舞台退休，又走上了影视剧的荧幕。他不久就先后参演了电视剧《封神榜》《渴望》。这两部电视剧非常成功，播放时，那是万人空巷啊。蓝天野演绎的姜子牙满头银发飘飘，双眼睿智犀利，仙风道骨的形象深深地印在观众们的心里。而他在《渴望》中饰演的老父亲，慈祥、开明、通透、善良，经历苦难却仍然热爱生活，也深深地打动了观众。这下，蓝天野成了全国皆知的大明星了。

永不退休的老艺人

离休之后，蓝天野又捡起年青时最喜爱的画笔，重新开始国画创作。蓝天野曾因机缘巧合，结识了李苦禅与许麟庐两位当代国画界的泰斗。他坚持不懈地向两位大师学艺，每天无论多么忙碌都坚持刻苦练习。后来，他的画终于得到了两位大师的肯定，他的绘画造诣也越来越高。

20世纪八九十年代，蓝天野多次举办了个人画展，受到美术界人士的一致肯定和赞誉。

蓝天野并没有远离话剧。离休后，他坚持为北京人艺的青年演职人员讲授剧院传统、戏剧表演理论和技巧。北京人艺每一年的表演学员培训班，蓝天野经常出任授课老师。他向年轻演员言传"人艺人"应当具备的艺德和品性，教他们如何感受、体验角色，如何在纷繁的社会环境中提高自己的艺术水准、人格修养，如何安静地用心塑造人物，感染观众。这种授课他乐此不疲，他认为：

"为人艺培养人才是我分内的事。"

2011 年，已经阔别话剧舞台 19 年、84 岁的蓝天野又一次出现在舞台上，重排献礼剧目《家》。他说："这么多年没登台了，当时心里的确有些忐忑，但只要剧院需要，我就要发好光和热。"

2012 年，为纪念北京人艺建院 60 周年，剧院创作排演了现实题材大戏《甲子园》，蓝天野又担任该剧艺术总监。

2015 年，88 岁高龄的蓝天野又执导了瑞士剧作家迪伦马特的代表作《贵妇还乡》。

蓝天野就是这样不知疲倦，他好像从未离休。他曾说，他就是想"为党的文艺事业多做一点事"。

平凡中的伟大

兢兢业业，不图名利，尽职尽责，无私奉献，蓝天野为广大文艺工作者树立了榜样。回看蓝天野的一生，他绝对当得起"艺术大师""德艺双馨"的称号。他为人民的解放和中华人民共和国的成立付出了自己的青年时代，为祖国文艺人才的培养奉献了自己的中年时代，为自己热爱的演艺事业献出了自己的一辈子。蓝天野这样的艺术家才是我们真正的"偶像"。

图书在版编目（CIP）数据

勋章: 中学版 /《勋章》编写组编. —— 南京：江苏凤凰美术出版社, 2022.3（2023.5重印）

ISBN 978-7-5580-7242-0

Ⅰ.①勋… Ⅱ.①勋… Ⅲ.①人物–先进事迹–中国–现代–青少年读物 Ⅳ.①K820.7-49

中国版本图书馆CIP数据核字（2022）第041334号

责 任 编 辑	朱　岩
责任设计编辑	贲　炜
责 任 校 对	曹玄麒
责 任 监 印	唐　虎
插　　　画	郭　波
封 面 设 计	宸唐工作室

书　　　名	勋章: 中学版
编　　　者	《勋章》编写组
出版发行	江苏凤凰美术出版社（南京市湖南路1号　邮编: 210009）
制　　　版	南京新华丰制版有限公司
印　　　刷	三河市兴国印务有限公司
开　　　本	880mm×1260mm　1/32
印　　　张	4.5
版　　　次	2022年3月第1版　2023年5月第4次印刷
标 准 书 号	ISBN 978-7-5580-7242-0
定　　　价	25.00元

编辑部电话　025-68155671　印务部电话　025-68155658
邮箱　sumeijiaoyu@163.com　营销部地址　南京市湖南路1号
江苏凤凰美术出版社图书凡印装错误可向承印厂调换